RAINER WÖLZL

Lautréamont

Die Gesänge des Maldoror

Für Brigitte!

Herzlich!

Rainer

Berlin, 9.5.96

RAINER WÖLZL

Lautréamont
Die Gesänge des Maldoror

mit einem Essay
von
Peter Gorsen

Picus Verlag Wien

Dieses Buch erscheint anläßlich
der Ausstellungen
Galerie Jürgen Hermeyer, München
September/Oktober 1992
Christine Colmant Art Gallery, Brüssel
Jänner/Februar 1993
Galerie Manfred Giesler, Berlin
April/Mai 1993

100 Exemplare sind numeriert und signiert.

Die 90 Abbildungen dieses Buches
sind eine Auswahl aus 200 Zeichnungen (Kohle, Öl/Papier, 26,5×21 cm),
die in den Jahren 91/92 entstanden sind.

50 Exemplaren liegt eine Originalradierung bei (Format 26,5×21 cm; Auflage: 50 Exemplare: 1/50 – 50/50;
numeriert und signiert; Technik: Zuckertusche, Aquatinta, Strichätzung)

Peter Gorsen (Text)
Übersetzung: Werner Rappl
Satz: PCG, Wien
Druck und Verarbeitung: REMA*print*, Wien
Printed in Austria
ISBN 3-85452-121-9

Peter Gorsen

Lautréamonts Nachruhm in der Kunst

Es ist bekannt, daß der Nachruhm Lautréamonts auf den französischen Surrealismus zurückgeht. Mit nicht zu übersehender Einseitigkeit beschlagnahmten Louis Aragon, André Breton und Philippe Soupault die „Gesänge des Maldoror“ für den psychischen Automatismus, der als zentrale Definition des Surrealismus im ersten von Breton verfaßten Manifest erscheint. Sie gingen großzügig darüber hinweg, daß der epische Text Lautréamonts streng genommen kein Beweis für ein Denk-Diktat ohne jede Kontrolle durch die Vernunft, jenseits jeder ästhetischen oder ethischen Überlegung[1] ist. Auf dieses Mißverständnis wies bereits Maurice Blanchot hin, als er die „wunderbar bewußte und zugleich seltsam unbewußte“ Konstruktion des sprachlichen Labyrinths bei Lautréamont bemerkte, in dem Ironie, phantastische Kombinatorik und offensichtlich ein „ Verschleierungsverfahren“ vorherrschen, „das für die Verwicklungen in den Volks- und Kriminalromanen typisch ist. Seine Sprache selbst wird eine geheimnisvolle Kabale, eine wunderbare Kombination von Vorgängen in der Art der Detektivromane, in denen die tiefste Finsternis im geeigneten Moment erhellt wird, unerwartete Ereignisse durch Metaphern ersetzt, ungewöhnliche Morde durch die Heftigkeit der Sarkasmen übertroffen werden.“[2] Auch Jean Starobinski gibt zu bedenken, daß das „Denken mit reinen Modulationen, seiner Öffnung auf das Mögliche hin, seiner reflexiven Geschmeidigkeit, seiner mit divinatorischem Tempo sich vollziehenden Beschleunigung ... sich erst auf der Grundlage integrierter und beherrschter Automatismen“ entwickelt. Daher hätten wir es beim psychischen Automatismus der surrealistischen Doktrin „mit dem Gegenteil einer wahrhaften Befreiung des Individuums zu tun“.[3]

Die Entdeckung Lautréamonts durch die Surrealisten fiel in eine Zeit, als diese – nicht zuletzt durch die Methode der „freien Assoziation“ bei Freud angeregt – einen „so rasch wie möglich fließenden Monolog“ des Sprechens und Schreibens anstrebten, „der dem kritischen Verstand des Subjekts in keiner Weise unterliegt, der sich infolgedessen keinerlei Zurückhaltung auferlegt und der so weit wie möglich gesprochener Gedanke (pensée parlée) wäre.“[4] Die von André Breton und Philippe Soupault 1919 zusammengestellte Montage ihrer Monologe (unter dem Titel „Les champs magnétiques“) zeigt indes, daß auch hier nicht nur zusammenhanglose Satzfetzen und Bilder herausgeschleudert werden, sondern daß die spontan produzierenden Autoren sich durchaus an die Regeln der Syntax beim Satzbau gehalten haben. Zweifellos herrschen Satzfragmente und isolierte Bilder wie ihre alogische Verknüpfung vor, doch gleichzeitig sind die syntaktischen Regeln befolgt.[5] Auch in dem von Breton und Soupault angestrebten Zustand der Passivität (état de plus passif, ou réceptif), der jener von Freud in der „Traumdeutung“ für die Produktion freier Assoziationen postulierten „kritiklosen Selbstbeobachtung“ entspricht, „bleibt das Denken – wie vage auch immer – auf et-

1 André Breton: Die Manifeste des Surrealismus, Reinbek 1968, S. 26

2 Maurice Blanchot: Lautréamont. In: Lautréamont, Das Gesamtwerk, Aus dem Französischen mit einem Nachwort und einer Bibliographie von Ré Soupault. Zusätzlich mit Marginalien anderer Autoren, Reinbek 1963, S. 233

3 Jean Starobinski: Psychoanalyse und Literatur, Frankfurt a. M. 1973, S. 152

4 Breton : Manifeste, a.a.O., S. 24

5 Peter Bürger: Der französische Surrealismus, Frankfurt a. M. 1971, S. 154, 158

was gerichtet".[6] Bei allem „Verzicht auf Verknüpfung zwischen den einzelnen Sätzen" oder trotz „pseudologischer Verknüpfung" der Sätze und ausgesprochen absurder Aussagen läßt der surrealistische Text der „Magnetfelder" eine „Sinnstruktur" erkennen, eine Transposition des Logischen ins Phantastische.[7] Von hier aus ließe sich der Surrealismus auch als eine Geschichte des gescheiterten psychischen Automatismus schreiben.

Bei aller Kritik an der Doktrin vom psychischen Automatismus, der in den Bereich des Okkultismus und der Parapsychologie abgleitet, sollte der ursprüngliche Anlaß nicht vergessen werden, der die Surrealisten zur Entdeckung und Huldigung einer unbewußten Gestaltung, eines Selbstausdrucks vor aller künstlerischen Formbestimmtheit geführt hat. Sie erhofften sich ein Instrument der Befreiung vom institutionalisierten Denken nicht nur in Literatur und Kunst, sondern auf allen Ebenen eines realitätsangepaßten, arbeitsteiligen Lebens, das vom Potential zweckfreier, anarchischer Phantasieproduktion abgeschnitten ist. Die „Gesänge des Maldoror" erschienen als kulturell unzensierte, freie Emanationen eines autonomen Bewußtseinsstroms, die zwangsläufig zu einem Zusammenstoß mit den etablierten Werten des Wahren, Guten und Schönen führen müssen. Die vielen ins Negative gewendeten Schönheitsdefinitionen, darunter jene prominente, oft wiederholte: „schön wie die zufällige Begegnung einer Nähmaschine und eines Regenschirms auf dem Seziertisch", machten Lautréamont (neben Rimbaud) zum Vorreiter einer Revolte, die in ihrer dadaistischen, protosurrealistischen Startphase die radikale Verneinung und Zerstörung bürgerlicher Werte und Traditionen anstrebte. Die Taten Maldorors verkörpern auf eine allegorische Weise die Umkehrung der höchsten Ziele menschlichen Strebens in die Lüge, das Böse und Häßliche. Die Freude und Berechnung, mit der Maldoror (mal d'aurore) dem Hang zum Bösen folgt, treibt ihn ins hedonistische Extrem des Lustmordes. Lautréamonts Schönheitsdefinition kann als Gleichnis dafür gelesen werden, worauf Michel Carrouges hingewiesen hat. Der Schönheitsvergleich, das „beau comme", richtet sich auf die Opfergestalt Mervyns, der in der „zufälligen Begegnung" mit Maldoror auf seinen späteren Lustmörder trifft. „Der Regenschirm als männliches Symbol kann sich nur auf Maldoror beziehen. Die Nähmaschine verweiblicht die Vorstellung, die man von Mervyn hat. Selbst die Namen haben einen Doppelsinn. Maldoror ist vor allem Mann. Mervyn ist ein Anagramm von Vermine (Ungeziefer), die erste Silbe erinnert zudem an mère (Mutter). Der Seziertisch deutet auf die spätere Hinrichtung von Mervyn durch Maldoror hin." So weit der von Carrouges stichwortartig zusammengefaßte Inhalt des sechsten Gesanges.[8]

Im Lustmord, in der surrealistischen Ästhetik des Verbrechens, kulminiert eine verzweifelte nihilistische Revolte, die lieber die Zerstörung und das absolute Nein wählt als ein Leben zu akzeptieren, das so ist, wie es vorgefunden wird. Albert Camus erachtete sie als tragisch, weil sie die Selbstvernichtung der Revoltierenden einschließt. Gleichwohl mußte er anerkennen, daß die „Zurückweisung alles Determinierenden" die surrealistische Art die Welt zu lieben ist.[9] Dem „homme révolté" im Surrealismus mußte jede Sabotage der etablierten Werteordnung, sei es durch Ironie, Parodie, Schwarzen Humor, psychischem Automatismus oder das Fest des Absurden herbeigeführt, als Befreiungsakt von großer Wirkung erscheinen. Was Breton und die Surrealisten bei Lautréamont vor-

6 Ebd.
7 A. a. O., S. 164
8 Michel Carrouges: Gebrauchsanweisung, In: Junggesellenmaschinen, hg.v. Harald Szeemann, Kat. d. Biennale Venedig 1975, S. 36
9 Albert Camus: Der Mensch in der Revolte, Hamburg 1953, S. 96f

fanden, ein „Prinzip dauernder Verwandlung“,[10] bestärkte sie, ihren eingeschlagenen Weg fortzusetzen. „Was die anfängliche Weltanschauung der Surrealisten mit der Grundeinstellung Lautréamonts und Rimbauds gemein hatte und was für alle Zeiten unser Schicksal an das ihre band, war die Abscheu vor dem Krieg, der Defaitismus“, und Breton fährt fort: „Für uns gab es nur noch eine Möglichkeit: eine unwahrscheinlich radikale, schonungslos durchgreifende, keinen Lebensbereich auslassende Revolution ... Diese Weltanschauung liegt eigentlich allen Maßlosigkeiten zugrunde, die man uns vorwerfen mag.“[11]

Dieses anarcho-dadaistische Denken im Schatten des ersten Weltkrieges, das mit seiner breit angelegten Zivilisationskritik auch jede Kunst und Literatur einschloß, wurde den Surrealisten um Breton bald zu einseitig und unstrukturiert. Ihr Bruch mit Dada erfolgte 1922, als Tristan Tzara den geplanten „internationalen Kongress zur Festlegung der Richtlinien und zur Verteidigung des modernen Geistes“ boykottierte und jeden konstruktiven Ansatz zur Bestimmung einer experimentell fundierten surrealistischen Anschauung ablehnte. In diese Aufbauphase des Surrealismus, die im ersten Manifest von 1924 gipfelt, fallen die Experimente mit dem psychischen Automatismus und die Rezeption Lautréamonts. Paradigmatisch für ein Bild, „das von einem höchsten Grad von Willkür gekennzeichnet ist“ und „für das man am längsten braucht, um es in die Alltagssprache zu übersetzen“, zitiert Breton auch einen der absurden „Schön-wie-Vergleiche“ aus den „Gesängen des Maldoror“: „Schön wie das Gesetz des Entwicklungsstillstands der Brust bei Erwachsenen, deren Hang zum Wachstum in keiner Beziehung zu der Menge der Moleküle steht, die ihr Organismus assimiliert.“[12]

Die Entdeckung Lautréamonts lag zu dieser Zeit noch unter der Schwelle literarischer und künstlerischer Gestaltung. Im Namen einer Kreativität, die jedem Menschen zugänglich ist und die gegen die Trennung von Kunst und Leben, „Poeten und Nicht-Poeten“ protestiert,[13] wurde Lautréamonts Maxime „La poésie doit être faite par tous, non par un“[14] hoch aktuell. Hier wurde eine Brücke zur surrealistischen Kollektivität des Schaffens gesehen, die nicht mehr „unter der Herrschaft der Logik“ und des „absoluten Rationalismus“ steht, sondern „bis dahin vernachlässigte Assoziationsformen, ... die Allmacht des Traums, ... das zweckfreie Spiel des Denkens“ in das Bewußtsein einbezieht, um zu einer ganzheitlichen Erfahrung der ästhetischen Formgesetzlichkeit mit der automatischen Produktionsweise zu gelangen. Daher findet sich an zentraler Stelle im Manifest Bretons der Hinweis auf „die künftige Auflösung dieser scheinbar so gegensätzlichen Zustände von Traum und Wirklichkeit in einer Art absoluter Realität, wenn man so sagen kann: Surrealität“.[15]

Es geht weder um die Auflösung der Realität in den Traum, noch um die Transformation des Wach- in den Schlafzustand. Das wäre die Wiederholung der alten Dualität von Traum- und Vernunftform. Statt dessen ist ihre Koppelung in einem Bewußtsein angezeigt, das der „Fiktion von einem Einheit stiftenden ästhetischen Ich“ oder einer Traum- und Wachzustand synthetisierenden vernünftigen Persönlichkeit nicht abermals aufsitzt.[16] Elisabeth Lenk hat in den „Chants de

10 Breton in seinem Vorwort zum Werk Lautréamonts. In: Lautréamont, Das Gesamtwerk, a. a. O., S. 246

11 Breton: Qu' est-ce que le surréalisme? In: Maurice Nadeau: Geschichte des Surrealismus, Reinbek 1965, S. 13

12 Breton, Manifeste, a. a. O., S. 36

13 Gisela Steinwachs: Mythologie des Surrealismus oder „Die Rückverwandlung von Kultur in Natur“, Neuwied–Berlin 1971, S. 39

14 Diese in den „Poésies“ formulierte Erkenntnis findet sich schon im „Dictionnaire Abrégé du Surréalisme“ von 1938 und wird bis heute als gedankliches Eigentum des Surrealismus vertreten. Vgl. Marcel Jean: Autobiographie du Surréalisme, Paris 1978, S. 70

15 Breton, Manifeste, a. a. O., S. 18

16 Elisabeth Lenk: Die unbewußte Gesellschaft. Über die mimetische Grundstruktur in der Literatur und im Traum, München 1983, S. 259

Maldoror“ (wie in den zeitgleichen „Alice's Adventures in Wonderland“ von Lewis Carroll) den Beginn einer neuen „traumartigen Literatur“ gesehen, die das distanzierte, aus einer Gesamtperspektive kommende Erzählen tendenziell aufhebt. Der Autor löst sich in die Vielheit der beschriebenen Gegenstände und Figuren auf. „Der Riß, der im realistischen Roman zwischen dem mehr oder weniger allwissenden, mehr oder weniger ironischen Autor und dem ganz in die Schicksale des Romans befangenen Helden verlief, geht jetzt durch den Autor und durch alle Figuren mitten hindurch.“[17] Lautréamont ist in den proteischen Gestaltwandel seiner Figuren und Geschöpfe einbezogen, er hat keine Aussicht auf eine objektive Orientierung jenseits der erzählten wachtraumartigen Effekte, Verdichtungen, Groteskkoppelungen und halluzinatorischen Bilder, „die noch intensiver als bei Rimbaud an deliröse und echt psychotische Zustände erinnern“.[18] Lautréamonts „Sprachrevolution“ ist als „Ausdruck einer Anziehung der Worte vom Pol des Traumes her“ zu verstehen. Er arbeitet mit der Nichtidentität von Sprache und Gedanke, sinnlicher Wirklichkeit und Ideal, „sozusagen mit dem Bildkern der Worte“, was die große Faszination auf die surrealistischen Maler, voran René Magritte mit seinen Zeichnungen zu den „Chants de Maldoror“ (1948) erklären könnte. Auch Magritte verstand das Mysterium, die Poesie, in Lautréamonts Erfindung der „zufälligen Begegnung eines Regenschirms und einer Nähmaschine auf einem Seziertisch“ als ein Auseinandergehen von Bild und Bedeutung oder Symbol, das man nicht illustrieren könne.[19] Das „Ketzerische“ einer traumartigen Schreibweise, für die es in der surrealistischen Zeichnung und Malerei viele Parallelen gibt, ist „die Darstellung des Schwankenden, Labilen, Lebendigen, mitten in einer vom Kult der Exaktheit besessenen Welt, die Darstellung von Wesen, deren äußere Erscheinungsform permanent wechselt, ohne daß irgendeine der Gestalten sich als die wahre, die richtige, identifizieren ließe. Jedes Teil lebt, existiert für sich, lebt ein autonomes Leben. Die hierarchische Wertordnung der Wachwelt ist aufgehoben.“[20] Die Regressionen des Traumerlebens stehen nicht mehr im Dienst einer integralen Ich- und Welterfahrung. Die „geträumte“ Sprache in den Gesängen Maldorors ist das Gegenteil von Selbstbeherrschung oder einer intellektuellen Disziplinierung, wie sie die Psychoanalyse gegenüber dem Unbewußten einübt. Die surrealistische Einstellung, für die Lautréamont sogleich beschlagnahmt wurde, besteht grundsätzlich darin, das Es gegen jede Zensur und Kontrolle des Ich zu stärken. Zwischen dem Freudschen Rationalismus (wo Es war, soll Ich werden) und Bretons Öffnung zum „Wunderbaren“ (der hierarchielosen Vermischung von Taum und Wachzustand) gibt es letztlich keine Verständigung und Kooperation. Die surrealistische Erkenntnismethode ist keine praktisch angewandte Psychoanalyse. Diese ist vielmehr von der surrealistischen Revolte, einer anarchischen Einstellung, die den Traum und umstrittenen psychischen Automatismus zum Selbstzweck erhebt, ausgeschlossen.

Die Anfänge einer Wirkung der „Chants de Maldoror“ auf die bildende Kunst des Surrealismus sind noch kaum erforscht. Lautréamonts „Poesie“ wurde zunächst von einigen Surrealisten im Rahmen einer allgemeinen Bildtheorie diskutiert und blieb auf die Anregerrolle für eine neue Schreibweise beschränkt. Bretons oben wiedergegebenes Zitat eines „Schön wie“-Vergleiches aus den „Chants de Maldoror“ im Manifest von 1924 stellte ungewollt die Weichen für eine verkürzte,

17 A. a. O., S. 260
18 Dieter Wyss: Der Surrealismus. Eine Einführung und Deutung surrealistischer Literatur und Malerei, Heidelberg 1950, S. 24
19 René Magritte: Sämtliche Schriften, München–Wien 1981, S. 539
20 Lenk, a. a. O., S. 259

rezeptartige Lautréamont-Rezeption, die es auf die absurde Koppelung nicht zusammenpassender Elemente, einen Verdichtungsvorgang in Analogie zum Traum und psychischen Automatismus abgesehen hatte. Den Ergebnissen der Sprachexperimente in den 1919 veröffentlichten „Champs magnétiques“ stand nichts Vergleichbares in der Zeichnung und Malerei gegenüber. So behauptete Max Morise 1924 in der ersten Ausgabe der Zeitschrift „La Révolution Surréaliste“ die „Unmöglichkeit einer automatischen Malerei und infolgedessen einer surrealistischen Malerei“.[21] Noch in der dritten Nummer dieser Zeitschrift konnte Pierre Naville ein Jahr später schreiben: „Jedermann weiß, daß es keine surrealistische Malerei gibt. Weder die Spuren des befreiten Zeichnens zufälliger Gesten, noch das Bild neuer Traumfiguren, noch die erfinderischen Phantasien, können recht verstanden so bestimmt werden.“[22]

Diese Kritik bezog sich nicht zuletzt auf die in den beiden ersten Ausgaben publizierten automatischen Zeichnungen von André Masson, die wie in Trance schnell hingekritzelt anmuteten und Bretons Anleitungen aus dem surrealistischen Manifest folgten. Rasch gezeichnete abstrakte, arabeskenhafte, bis an die Ränder des Blattes sich ausdehnende Linienmuster überschneiden sich mit gegenständlichen Fragmenten, die meist aus isolierten Körperteilen und Gliedmaßen bestehen. Mit der Doktrin vom „automatisme psychique pur“ hoffte Masson, seine Affekthandlungen und sexuellen Aggressionen auf dem direktesten Wege umzusetzen. Der automatische Zeichenfluß wurde weder unterbrochen noch korrigiert. Dieser Methode ist Masson in seinen gleichzeitig entstandenen „Sandmalereien“ nicht gefolgt. André Masson und Miró, die später maßgeblichen „Automatisten“, machten 1924 gerade erst eine Wandlung vom Kubismus zu einer freieren, abstrakten Zeichen- und Malweise durch. Miró, der von Masson im gleichen Jahr in den surrealistischen Kreis eingeführt wurde, begann um 1925 mit automatischen Zeichnungen, Masson sogar erst Ende 1926. Max Ernst systematisierte um 1925 die halbautomatische Technik der Frottage, das Durchreiben von Mal- und Zeichenflächen, die er mit bewußt komponierten Zeichnungen kombinierte. Die 1926 erscheinende „Histoire Naturelle“ ging aus dieser Erfindung hervor. Damit war der künstlerische Weg für eine „écriture automatique“ geebnet, wenn man nicht bereits die ab 1922 entstandenen Collage-Zyklen als ein von Rimbaud und Lautréamont angeregtes halluzinatorisches Montageverfahren ansehen will. Max Ernst gab den Anstoß für zahlreiche weitere halbmechanische Herstellungsverfahren, die in der Folge vom Surrealismus künstlerisch erschlossen wurden. Erinnert sei an die Décalcomanie, Flottage, Décollage, Grattage, Fumage, Cachetage oder das auch schon von Ernst eingesetzte Dripping.

Der Wandel des Surrealismus von einer universalen Weltanschauung und „manière de penser“ zur Kunst im engeren Sinne vollzog sich programmatisch und endgültig erst in Bretons 1928 publizierter Aufsatzsammlung „Le Surréalisme et la Peinture“. Hier wurde an Beispielen von Arp, de Chirico, Duchamp, Ernst, Klee, Masson, Miró, Man Ray und Tanguy eine folgenreiche Erweiterung des psychischen Automatismus und des Traums auf die Malerei vorgenommen. Der Gesichtspunkt der geistigen Kontrolle, der intellektuell gelenkten Inspiration, wurde – wenn auch geläutert durch die Experimente mit der freien Assoziation – rehabilitiert. Man kann sagen, daß der Theoretiker der

21 Dictionnaire général du Surréalisme et de ses environs, hg.v. Adam Biro und René Passeron, Fribourg 1982, S. 290
22 La Révolution Surréaliste, No. 3, 15. April 1925, S. 27

Revolte durch die Praxis der surrealistischen Künstler belehrt wurde, die ihrerseits mit der These vom reinen Automatismus experimentierten.

Dies ist an der Arbeitsweise der frühen „Automatisten" Miró und Masson ablesbar. In einem Gemälde wie „Die Entstehung der Welt" (1925) verzichtete Miró erstmals auf kompositorische Vorzeichnungen und überließ sich in diesem ersten Stadium bei Ausnutzung aller Zufälle den schnell dahin fließenden Farbformen. In einem zweiten Arbeitsgang wurden die informellen Gründe, das teilweise mit Lappen und Schwamm aufgetragene Farbmeer, in eine strukturierende Ordnung überführt, womit der Genealogie der Form aus dem Chaos auch noch ein gleichnishafter Aspekt abgewonnen wurde. Im „Karneval des Harlekins" (1924–25), Mirós bekanntestem Bild aus dem surrealistischen Frühwerk, bewirkten die miteinander verketteten biomorphen Einzelformen schon jene typische surrealistische Poesie, die nach Lautréamont aus der Verbindung des Unzusammengehörigen entsteht. Das zu diesem Bild entstandene Gedicht Mirós zeigt beider Entstehung aus der Quelle des psychischen Automatismus: „Der von den wie Harlekins aus Rauch verkleideten Katzen entwirrte Garnknäuel windet sich um meine Eingeweide und durchsticht sie während der Hungersnot die die in diesem Bild registrierten Halluzinationen erzeugte schönes Blühen von Fischen in einem Mohnfeld auf den Schnee eines Papiers gezeichnet..."[23]

Ausdrücklicher als Miró hat sich Masson für seine halluzinatorischen Formverschmelzungen und dissoziierten Körper von den Phantasien Lautréamonts und Rimbauds anregen lassen.[24] In seinen ab 1926 entstandenen Fisch-Bildern sind häufig Neomorphismen aus Mensch und Tier mit vexierbildartigen Körpern und vieldeutigen Konturen zu bemerken, eine kämpfende Misch-Kreatur, die über die allgemeine, für Masson reklamierte Metaphorik von Eros und Todestrieb hinaus in der monströsen Amphibienwelt Maldorors beheimatet ist. Im „Kampf der Fische" von 1927, einer seiner frühesten Sandmalereien, bestehend aus Öl, Sand und Bleistift auf Leinwand, kehrte Masson das Verhältnis von Automatismus und Kontrolle um. Im ersten Arbeitsgang unterlag das Auftragen der Sandfelder auf dem geleimten Untergrund einer streng geplanten Prozedur und erst anschließend wurden die teils abstrakten, teils figürlichen Motive in einer frei flottierenden Linienschrift um die Sandfelder herum aufgetragen. Aus den gewundenen unregelmäßigen Lineamenten entstanden kämpfende Fische in einer Unterwasserwelt, sodaß diese Anmutungen als Titel übernommen wurden. Farbkleckse, zumal rote, erschienen als Blutflecken.

Dieses „geträumte" Bild läßt zwei unterschiedliche Lesarten zu: entweder als die Rückkehr des Verdrängten und Zensierten im Sinne der surrealistischen Befreiungstheorie oder als Kampf ums Dasein, als die entlarvende Groteske des dämonisierten Sozialdarwinismus. Lenk hat Lautréamonts Traum nicht als Wunscherfüllung gedeutet, sondern erkennt in ihm die „elementarere lebenswichtigere Funktion" der „Enthüllung und dadurch psychischen Realisierung desjenigen Teils der Wirk-

23 Zitat nach William S. Rubin: Dada und Surrealismus, Stuttgart 1972, S. 154

24 Das Gesamtwerk Lautréamonts lernte er schon 1922 kennen. Den „Chants de Maldoror" begegnete er zwei Jahre später wieder im „Bureau de Recherches surréalistes", wo der Band neben einer französischen Übersetzung von Freuds „Einführung in die Psychoanalyse" und dem phantastischen Fortsetzungsroman „Fantômas" von Emile Souvestre und Marcel Allain (1911–14) auslag. Masson, zuerst unter Schockwirkung des spanischen Bürgerkriegs, später des Zweiten Weltkriegs stehend, verstand das „prachtvolle Bestiaire" der Gesänge mit ihren Mensch-Tier-Vergleichen in erster Linie gesellschaftssatirisch. Maldoror erscheint in Zeichnungen und Lithographien als „übermenschlicher Abdecker" (Michel Leiris) und „Bête industrielle" (Masson) der menschlichen Zivilisation, was auch bei Gaston Bachelard in seinem Essay „Le bestiaire de Lautréamont" (1939) thematisiert wird und Masson beeinflußt hat. André Masson: Le rebelle du surréalisme, Écrits, Édition établie par Françoise Will-Levaillant, Paris 1976, S. 31, 58f, 67f, 94. – Michel Leiris: Bacon, Picasso, Masson, hg. v. Hans Jürgen Heinrichs, Frankfurt a. M. und Paris 1982, S. 72

lichkeit, der unter gesellschaftlichen Imperativen nicht wahrgenommen werden darf, weil er im Widerspruch zu dem Bild steht, das die Gesellschaft von sich selber hat."[25]

Im vierten Gesang des Maldoror ist das menschliche Wesen der Metamorphose in einen delphingroßen Fischkörper mit Rückenflossen und breiten Entenfüßen anstelle der Extremitäten der Beine und Arme unterworfen. Im zweiten Gesang paart sich Maldoror mit einer Haiin, „meiner ersten Liebe". Der angsteinflößende „alte Ozean" ist sein „Hochzeitsbett" und ein Element, wo das „Gesetz des Stärkeren" gilt. „Das Blut vermengt sich den Wassern und die Wasser vermengen sich dem Blut."[26] Die Begegnung Maldorors mit der Haiin gipfelt in der satanischen Erkenntnis: „Ich lebte bis jetzt im Irrtum; da ist einer, der böser ist als ich." Der starke Mensch erscheint hier als Widersacher des Guten. Lautréamont hat ihn mit „viel grausamer Lust" und in nietzscheanischer Manier mit einem obszönen Willen zur Macht ausgestattet. Dies ist nicht affirmativ gemeint, sondern wäre in der Lesart Lenks als traumförmige Kritik an der Gesellschaft zu deuten, die ihr wahres Gesicht verhüllt und das erlaubte Böse maskiert. „Die traumartige Literatur deckt etwas auf, was die ‚realistische' Literatur verschleiert, die immer nur das erlaubte Bild: die Sozialfassade reproduziert."[27] An dieser surrealistischen Konvergenz von Lautréamont und Masson, die die Enthüllung über die Wunscherfüllung stellen, werden die späteren künstlerischen Bearbeiter der „Chants de Maldoror" zu messen sein.

Die Wirkung Lautréamonts auf den entstehenden Surrealismus wird zu Recht mit der Giorgio de Chiricos verglichen, dessen (gemeinsam mit Carlo Carrà begründete) „Pittura Metafisica" um 1919, also noch vor dem Enstehen der surrealistischen Bewegung, beendet war. Beide konvergieren in der grotesken Montage des Disparaten, wobei der Maler und in seiner Nachfolge die mehr oder weniger veristische Traummalerei der Surrealisten Dalí, Delvaux, Ernst, Magritte und Tanguy den Akzent auf die Verrätselung und Verdunklung der Wahrnehmungswelt setzten. De Chirico gelangen Verfremdungseffekte, die Man Ray als erster auf dem Gebiet der Objektmontage und Fotographie systematisierte. De Chirico befreite die Dinge aus ihrem Zweckzusammenhang und ordnete sie auf eine alogische, absurde, irrationale Weise neu. Die Weise, wie er die Dinge ihres Realitätsgehaltes beraubte und zu neuen bedeutungsschwangeren Einheiten, häufig ganzen Assoziationsketten zusammenfügte, ließ seine Gemälde wie „Die beunruhigenden Musen" (1916) oder „Der große Metaphysiker" (1917) als stimmungshafte bildnerische Äquivalente zu den „Chants de Maldoror" erscheinen. De Chirico wurde als protosurrealistischer Traummaler verstanden, der auf die Mechanismen zurückgreift, nach denen unbewußte Vorgänge funktionieren und die Traumarbeit mit der Verdichtung, Verschiebung und Symbolisierung ihres Materials operiert.

Eine sehr frühe Lautréamont-Rezeption findet sich bei Man Ray. Schon im Jahr seiner Übersiedlung von Amerika nach Paris, 1921, stellte er sein absurdes Bügeleisenobjekt „Cadeau" vor, auf dessen Bügelfläche eine Reihe Polsternägel aufgeschweißt ist. Die surrealistische Montage des Disparaten wurde auch auf den Titel übertragen: wird „Cadeau" von hinten nach vorn buchstabiert, spricht man „audace" (kühn). Man Ray übertrug den psychischen Automatismus auf die Objektmontage, die in Photographien festgehalten wurde. Diese dienten aber kaum zur Dokumentation des Origi-

25 Lenk, a. a. O., S. 260

26 Lautréamont. Das Gesamtwerk. Überarbeitete Neuausgabe. Aus dem Französischen und mit einem Nachwort v. Ré Soupault, Reinbek 1988, S. 169f, 100f

27 Ebd.

nals, sondern als Assoziationsvorlage für den Betrachter, der nach surrealistischem Verständnis sich von kulturell eingebleuten Seh- und Darstellungsweisen befreien sollte. Es war die Lektüre der „Chants de Maldoror" und vor allem wohl der Satz über das groteske Ensemble von Nähmaschine und Regenschirm auf einem chirurgischen Seziertisch, was Man Ray zur photographischen Aufnahme eines verpackten, unsichtbar gemachten Objekts inspirierte, das er in Anlehnung an Lautréamonts bürgerlichen Namen „Das Rätsel des Isidore Ducasse" (1920) nannte. Unter der Verschnürung des Pakets befindet sich ein Objekt, das nur der Künstler kannte und dessen Geheimnis er für den Betrachter bewahrte. Wenn man will, war dies eine Art Projektionstest, der den ratenden Betrachter mit seinen Wunschvorstellungen, möglicherweise seinem verdrängten erotischen Verlangen konfrontierte. Jedenfalls gab Man Ray im Photo ein unbestimmtes, vieldeutiges Objekt vor, das auch als erotisch anziehender Gegenstand wahrgenommen und in freier Assoziation von den Betrachtern interpretiert wurde. (Heute wissen wir, daß das verschnürte Paket eine Nähmaschine enthält). Die Veröffentlichung des reproduzierten Objekts in der ersten Ausgabe von „La Révolution surréaliste" (1924), wo es zwischen Traumprotokollen placiert ist, unterstreicht die programmatische Gleichsetzung von Surrealismus und Automatismus. Freuds Methode der „freien Assoziation" stand für die vielen zwischen 1917 und 1970 entstandenen, ihrer psychotherapeutischen Funktion freilich beraubten Rätselobjekte Pate. Man Ray hatte sich zur Rolle des psychischen Automatismus in der surrealistischen Produktion klar bekannt. „Jede vom Verlangen getriebene Anstrengung kann nur durch eine automatische, unbewußte Energie zum Ziel gelangen. Die Kraftreserven in uns sind unerschöpflich, wenn wir sie nur ohne Scham- und Anstandsgefühl heranziehen." Dieses zu überlisten oder auf andere Weise zu sabotieren, ist der Sinn der surrealistischen Revolte. Der das erotische Verlangen, „lange unterdrückte Motivationen und Instinkte" ins helle Licht rückende Künstler ist ihr Agent. [28]

Lautréamont ist neben de Sade der literarische Initiator der Triebentfesselung in der surrealistischen Revolte. Er ist aus ihren paranoiden Bildern und halluzinatorischen Phantasien nicht wegzudenken. Die Kunst ist davon nicht ausgeschlossen, nicht die zeichnenden Kleinmeister Artaud, Bellmer, Michaux, Magritte (mit seinen erst 1948 entstandenen 76 Zeichnungen „Les chants de Maldoror") oder Wols – und nicht ein megalomaner Exhibitionist wie Dalí.

Dieser hat sich zwar nur in einem einzigen, allerdings opulenten, 52 Blatt zählenden Radierzyklus von 1934 auf die „Chants de Maldoror" direkt bezogen, aber sein gesamtes Werk ist im Grunde eine Ode an die Alchemie Lautréamontscher Mischwesen und „Substanzverwandlungen" (Julien Gracq). Das Collagen-Werk von Max Ernst wäre nicht denkbar gewesen ohne die Lektüre der aggressiven Zerschneidungen, Durchdringungen und Vermischungen der Lebewesen in den „Chants de Maldoror". Es war Max Ernst, der Lautréamonts prominentes Montage-Diktum in seine Autobiographie aufnahm und mit seiner Hilfe fast eine, wie es heute scheint, Lehrbuch-Definition der surrealistischen Collage gab: sie sei „die systematische Ausbeutung des zufälligen oder künstlich provozierten Zusammentreffens von zwei oder mehr wesensfremden Realitäten auf einer augenscheinlich dazu ungeeigneten Ebene – und der Funke Poesie, welcher bei der Annäherung dieser Realitäten überspringt".[29]

28 Man Ray: Das Zeitalter des Lichts (1934). In: Man Ray. Inventionen und Interpretationen. Ausstellungskatalog d. Frankfurter Kunstvereins 1979, S. 37

29 Max Ernst: Biographische Notizen (Wahrheitsgewebe und Lügengewebe). In: Max Ernst. Retrospektive 1979, Kat. hg. v. Werner Spies, München 1979, S. 135. Frühe Fassungen in: „Au delà de la Peinture", Cahiers d'Art 1937, „Beyond Painting", New York 1948

Die systematische Ausbeutung des Zufalls war überdies ein Bekenntnis zum psychischen Automatismus Bretons, den Ernst und andere nun von der bildnerischen Seite her aufrollten, um zur „peinture automatique" zu gelangen. Auch hier lag der Akzent anfangs auf einer Poesie, die von allen gemacht werden könne und nicht von begnadeten Künstlern. Die surrealistische Demontage des bildungsbürgerlichen Schöpfungsmythos, der Kreativität auf Genie und Talent zurückführt, konnte sich daher abermals an Lautréamonts Devise zum kollektiven Ursprung der Poesie halten. Max Ernst hat sie zusammen mit dem Theorem vom psychischen Automatismus in seine zentrale Surrealismus-Definition von 1934 aufgenommen. „Da jeder ‚normale' Mensch (und nicht nur der Künstler) bekanntlich im Unterbewußtsein einen unerschöpflichen Vorrat an vergrabenen Bildern trägt, ist es Sache des Muts oder befreiender Verfahren (wie der automatischen Schreibweise) von Entdeckungsfahrten ins Unbewußte unverfälschte (durch keine Kontrolle verfärbte) Fundgegenstände (‚Bilder') ans Tageslicht zu fördern, deren Verkettung man als irrationale Erkenntnis oder poetische Objektivität bezeichnen kann, nach Paul Eluards Definition: ‚Die poetische Objektivität besteht einzig in der Verkettung aller subjektiven Elemente, deren Sklave – und nicht Herr – der Dichter bis auf weiteres ist.' Woraus hervorgeht, daß der ‚Künstler' fälscht."[30]

Lautréamonts Nachruhm in der Kunst, dem kein Ruhm zu seinen Lebzeiten – weder in der Literatur, noch in der Kunst – vorausgegangen war, blühte und gedieh mit der surrealistischen Revolte und hat sie überlebt. Man sagt nichts Neues mehr, wenn daran erinnert wird, daß die experimentelle Grundeinstellung des Surrealismus gegenüber dem Unbewußten, dem psychischen Automatismus und Traum vielfach gebrochen, korrigiert oder neu aufgelegt weiterlebt und das Projekt der Moderne ein unendlicher Prozeß der Bewußtmachung verdrängter Inhalte ist. Es findet seine Fortsetzung in den neuexpressionistischen Rückblenden der zweiten Jahrhunderthälfte, in den Vergleichen von Kunst und Primitivismus, Art Brut und Art Culturel, in der ethnopsychiatrischen Ästhetik, der Kreuzung und Vermischung der Kulturen, einem naiven künstlerischen Nomadentum, das sich neben dem Markt entwickelt. Mit Lautréamonts Extremismus fand also nicht der überaus nützliche „gründliche Kehraus" der Pubertätskunst statt, den Ernst Robert Curtius für die nächste Generation erhoffte. Seine Polemik gegen Lautréamonts Gesänge, die „eine ununterbrochene Folge von sadistischen Phantasie-Exzessen" seien, wo „so wenig wie zwischen Schön und Häßlich … zwischen Geisteskraft und Psychose ein Unterschied erlaubt sein" soll, „Schizophrenie … für den Dichter wichtiger als Grammatik"[31] werde, erscheint heute veraltet.

Recht behielten Artaud, Gide, Gracq, Henry Miller oder auch Wolfgang Koeppen, die die Moralität hinter der Modernität erkannten und den Einfluß des „poète maudit" bis auf Samuel Beckett ausdehnten. Lautréamont erscheint im deutschen Sprachraum, vor allem bei den bildenden Künstlern, wohl durch die Sprachbarriere bedingt, in einem weniger strahlenden Licht als in Frankreich. Welche Wirkungen sein erstmals 1954 (dann 1963, 1976, 1985 und 1988) ins Deutsche übertragenes und veröffentlichtes Gesamtwerk auf die mittlerweile internationalisierte Kunstszene hat, ist

30 Max Ernst: Was ist Surrealismus? In: Karlheinz Barck (Hg.): Surrealismus in Paris 1919–1939. Ein Lesebuch. Reclam Verlag Leipzig 1990, S. 617

31 Ernst Robert Curtius: Indezente und laszive Bücher. In: Lautréamont. Das Gesamtwerk, 1963, a. a. O., S. 245

schwer zu übersehen. Welche Künstler haben sich so offen zu Lautréamonts Gesängen und Dichtungen bekannt wie der Maler und Texter des „Pandämoniums“ (1961/62), Georg Baselitz?[32]

Von dem Wiener Rainer Wölzl, der schon von Celan, Genet und Beckett bemerkenswerte graphische Interpretationen vorgelegt hat, entstanden im Verlauf eines Pariser Studienaufenthalts 1991 über zweihundert Zeichnungen in Kohle und Öl auf Papier, von denen neunzig hier in Buchform veröffentlicht sind. Der Druck ist nur eine Annäherung an das Eigenleben der Originale, die dem auf Schwarz und Weiß beschränkten zeichnerischen Dialog ungewöhnliche koloristische Reize abringen können. Auf den jede Oberfläche einebnenden, weil zum Glänzen bringenden Graphit wurde verzichtet. Die Kohle ist mit dem Stift und in pulverisierter Form aufgetragen, transportiert eine nuancierte Tönung zwischen Elfenbeinschwarz und bläulichem Schwarz auf den weißen Grund. Die pulverisierte Kohle zusammen mit der verdünnten fließenden Ölfarbe läßt die Farbe aufgelockert und in einem aperspektivischen Tiefenraum teils schwebend, teils wirbelnd, in sich kreisend oder linear treibend, spritzend oder tropfend an der Grenze zur Monochromie erscheinen. Hier sind Oberflächenreize des Materialbildes, mit dem Wölzl als Maler experimentiert, sublim in den zeichnerischen Prozeß einbezogen. Die so vertiefte, unruhige Fläche findet ihre schönste Entsprechung in Maldorors Hymne an den „alten Ozean“ in seiner „materiellen Größe“ und „tätigen Kraft“, die zur Entfaltung seiner gesamten Masse nötig ist. Der Ozean, im „ruhigen Gefühl“ seiner „ewigen Macht“ eine „erhabene Oberfläche“ bildend, ist gleichzeitig eine Metapher des unendlichen Lebensstroms, dessen an- und abschwellende Wogen, vom „melancholischen Geräusch des Schaumes begleitet, der sich auflöst, um uns zu sagen, daß alles Schaum ist“, das Sterben der Menschenwesen versinnbildlichen.

Rainer Wölzl hat keine Illustration der „Chants de Maldoror“ gegeben, er hält sich auch nicht prinzipiell an die dort episodenhaft erzählte Abfolge des Geschehens. Sein Zyklus folgt einer anderen ästhetischen Gesetzlichkeit, die von der persönlichen Begegnung mit dem Text bestimmt und gewichtet ist. Daraus folgte eine Auswahl und Umreihung der aufeinanderfolgenden Leitmotive. Beim Lesen des Textes wurden die für den Künstler verwertbarsten bildmächtigen Passagen und Stellen am Textrand durch winzige Skizzen markiert. Im zweiten Arbeitsgang entstand nach der skizzierten Vorgabe und beim gleichzeitigem Abhören des auf Band gesprochenen Textes die endgültige Zeichnung. Die poetische Zündung zwischen dem Text und seiner zeichnerischen Interpretation folgte keiner anderen Ordnung als der „inneren Stimme“, dem ästhetischen Gewissen des Interpretierenden selbst.

Trotzdem gibt es eine stimmungsmäßige Konkordanz zwischen dem romantischen Symbolismus des „élan vital“ und dem barock-katholisch nachklingenden Gefühl für die Grenzüberschreitungen des Lebens, ein Sympathieverhältnis zwischen der Melancholie des „poète maudit“ und der nekrophilen Sensibilität des Wieners für das unausweichliche Verfallen der Form. Beide haben eine Affinität zu Verwesung und Tod alles lebendigen Seins. Rainer Wölzl folgt sogar mit einigen Zeichnungen Lautréamonts Adoration der anorganischen, kristallinen Formen der Geometrie, deren körperlose Sprache von Dreieck, Kreis und Quadrat auch ein Äußerstes an Emotionsverlust, an Leblosigkeit bedeutet. Die schwarz-monochrome Tendenz in Wölzls Zeichnungen (wie auch der großen Lein-

32 Zwanzig Gouachen zum Thema waren erstmals veröffentlicht in der Ausgabe des Rogner und Bernhard-Verlages: Comte de Lautréamont (Isidore Ducasse), Die Gesänge des Maldoror, München 1976

wandbilder) erinnert sinnbildlich an die unzertrennliche menschliche Einheit von Fruchtbarkeit und Tod. Mensch und Kosmos, Individuum und Welt, Ich und Es, Natur und Gott erscheinen wie bei Lautréamont in einem polarisierten Kraftfeld, das nicht harmonisch, sondern dissonant erlebt wird. „Vom großen bis zum kleinen hinunter, lebt jeder Mensch wie ein Wilder in seiner Höhle und geht selten hinaus, um seinen Mitmenschen zu besuchen, der wie er in einer anderen Höhle hockt. Die große universelle Menschheitsfamilie ist eine Utopie, der mittelmäßigsten Logik würdig." Die bei Lautréamont beschriebene Entfremdung des Menschen vom Menschen wird zum Ausgangspunkt einer totalen Rebellion gegen Schöpfung und Welt. Alle Begrenzungen zwischen Mensch und Universum, die Vernunft, Moral und Religion aufgerichtet haben, werden eingeebnet durch einen alle Gegensätze von gut und böse, schön und häßlich, Lebenslust und Lebensekel verbindenden automatischen Bilderstrom. Seine Freiheit schließt alle denkbaren Verbrechen und Abnormitäten ein. Absurditäten und groteske Montagen werden in den „Chants de Maldoror" lange vor den Surrealisten und heutigen Interpreten in aller Ausführlichkeit ausgebreitet.

Im ersten Gesang des Maldoror bringt Lautréamont die große philosophische Orientierungs-Achse zwischen dem endlichen und unendlichen Sein, in den späteren Gesängen zwischen Mensch und Gott, zum Wanken. Die Annäherung zwischen Maldoror, der sich ständig verändernden, wandlungsfähigen Gestalt, und dem immer sich selbst gleichbleibenden Ozean, „symbole de l'identité", nimmt im Verlauf der Gesänge immer monströsere und bedrohlichere Formen an, die zum Identitätsverlust des Individuums führen. Maldoror, das Individuum ohne Identität, der verkörperte Möglichkeitssinn, der sich in den „Strom des Bösen" wirft, um dem „unglücklichen Hermaphroditen" zu huldigen oder die „grauenhaft häßliche Paarung" mit der Haiin zu suchen, schließt seine Selbstvernichtung mit ein. Er sehnt sich zum indifferenten Ursprung der Schöpfung zurück. Das proteische Wesen Maldorors hat, wie Albert Camus erkannte, sein „Vaterland" im „alten Ozean", der „zugleich der Ort der Vernichtung und der Wiederversöhnung" ist.[33] Der Ort symbolisiert ein Doppeltes: die Angst vor der Auslöschung des Ichs in der rational unauslotbaren Tiefe des Ozeans, der auch das Es, den Triebpol der Persönlichkeit bedeuten kann. Sein alles verschlingendes „Maul ist furchtbar. Nach unten zu, in der Richtung des Unbekannten, muß es gewaltig sein." Der Ozean gewährt aber auch eine lustbesetzte, tröstende Empfindung der Ewigkeit, die Freud im Dialog mit Romain Rolland (über die eigentliche Quelle der Religiösität) als „ein Gefühl der unauflösbaren Verbundenheit, der Zusammengehörigkeit mit dem Ganzen der Außenwelt" beschrieben hat.[34]

Das Geborgenheits- und Freiheitsgefühl, das das Eintauchen in eine Wahrnehmung „von etwas Unbegrenztem, Schrankenlosem, gleichsam „Ozeanischen" (Freud) dem Individuum gewähren kann, ist in der Kunst eine lang vertraute Erfahrung. Es steht seit Malewitschs frühen suprematistischen Bildern und dem Beginn des abstrakten Expressionismus eines Pollock oder den „Schwarzen Quadraten" Ad Reinhardts im Zentrum des künstlerischen Interesses für einen gegenstandslosen Bildausdruck.

Rainer Wölzl hat das ozeanische Unbegrenztheitsgefühl in aperspektivischen, zu horizontal und vertikal fließenden Streifen rhythmisierten Bildern zum Ausdruck gebracht. Sowohl die informelle wie die monochrome Tendenz in seiner Malerei verbindet sich mit dem ozeanischen Element. Auch

33 Albert Camus: Der Mensch in der Revolte. Essays, Hamburg 1953, S. 89
34 Sigmund Freud: Das Unbehagen in der Kultur. In: Gesammelte Werke, XIV. Band, S. Fischer Verlag, S. 422

die selteneren automatischen Zeichnungen, deren kreisende, wirbelnde, sich verknäuelnde Lineamente, angeregt von der bekannten Stelle im fünften Gesang über die Flugart der Starenzüge, schnell hingekritzelt sind, gehören dem ozeanischen Formenkreis an. In der sparsamen Kombination mit gegenständlichen Formen, dies kann ein Boot oder ein Tropfen im Ozean sein oder ein monströses Fruchtbarkeitsidol, kippt der abstrakte, ozeanische Gefühlsausdruck in seine symbolische Darstellung um.

Das „ozeanische Gefühl" ist aber ambivalent. Seine Präsenz in vielen halbabstrakten und monochromen Bildwerken der Moderne, die dynamischen schwarzen Flächen Wölzls eingeschlossen, kann auch die Gefahr zum Ausdruck bringen, die das Ich in der Verschmelzung mit dem Universum sieht. Das Gegenteil zum wandlungsfähigen, proteischen Individuum, das in der Identifizierung mit dem Unendlichen gegen das Hergebrachte revoltiert, ist der in seine Begrenztheit verliebte, völlig isolierte Höhlenmensch. Seine Aggressionen sind auf die eigene Person gerichtet. Lautréamont charakterisiert ihn als jemand, der nicht lachen kann und deshalb seine Lippen in selbstverletzender Manie mit dem Messer auseinanderschneidet. Diese Verzweiflungstat unterstreicht aber nur die menschliche Einsamkeit. „Einen Augenblick lang glaubte ich mein Ziel erreicht. In einem Spiegel betrachtete ich diesen durch eigenen Willen verletzten Mund! Es war ein Irrtum!" Nur der Lachende, den Helmuth Plessner als „fessellose Entladung überströmenden Gefühls" und „Sichloslassen in einem körperlichen Automatismus" beschrieben hat, „ist zur Welt geöffnet. Im Bewußtsein seiner Abgehobenheit und Entbundenheit, das sich häufig mit einem Gefühl der Überlegenheit verbinden kann, sucht sich der Mensch mit anderen eins zu wissen. Volle Entfaltung des Lachens gedeiht nur in Gemeinschaft mit Lachenden."[35]

Vor dieser anthropologischen Folie erscheint Maldoror als psychopathologischer Grenzfall. An anderer Stelle bekennt er: „Ich habe nie lachen können, obwohl ich es mehrmals versucht habe. Es ist sehr schwer, lachen zu lernen. Oder ich glaube vielmehr, daß ein Gefühl von Ekel für diese Ungeheuerlichkeit ein wesentliches Merkmal meines Charakters ist." Doch dieses Ekelgefühl vor dem Lachen, das Rainer Wölzl in drei Bildnissen einzufangen versucht, wird sogleich objektiviert im Anblick einer grausamen Natur. „Natur! Natur! rief ich schluchzend, der Sperber zerreißt den Sperling, die Feige frißt den Esel, und der Bandwurm verschlingt den Menschen!" Hier wird die Grausamkeit beklagt, der Maldoror sonst ein Lob singt. Liebe und Haß, Lust- und Ekelgefühle gegenüber der grausamen Natur existieren in seiner Psyche unvermittelt nebeneinander. Dieser Gefühlskonflikt in Gestalt einer Groteskkoppelung von Gegensätzen, die sich sonst ausschließen, wird in der Psychiatrie als „schizophrene Ambivalenz" (Eugen Bleuler) beschrieben. In den auf die „Chants de Maldoror" folgenden „Poésies" (die nur als Vorwort für ein zukünftiges Buch existieren), erfuhr die Ambivalenzkonstruktion, das Phänomen der simultanen Bejahung und Verneinung, eine systematische Erweiterung auf den Dualismus von Wahnsinn und Vernunft, die Polaritäten von böse und gut, Grausamkeit und Mitleid, Traum- und Wachzustand, Ernst und Lachen. Lautréamonts Widerruf der radikal bösen „Gesänge" war die literarische Krönung eines schon dort angelegten „schizophrenen" Selbstwiderspruchs.

35 Helmuth Plessner: Lachen und Weinen. Eine Untersuchung nach den Grenzen menschlichen Verhaltens, München 1950, S. 95, 152, 195

Der Icherzähler des ersten Gesanges, der sich später als Maldoror demaskiert, eröffnet seine satanische Laufbahn mit einer Haßtirade auf die Menschen, die „zu jeder Stunde des Tages, von Kindheit auf bis zum höchsten Greisenalter, unglaubliche Flüche verbreitend, ohne Sinn für Gemeinschaft, wider alles, was atmet, wider sich selbst und die Vorsehung, Frauen und Kinder prostitutieren und so die Leibesteile entehren, die der Scham geweiht sind.“ Höhnisch wird Gott als erste Ursache und ewiger Sinngrund der mißratenen Schöpfung herausgefordert und der Gleichgültigkeit gegenüber dem Lauf der Dinge angeklagt: „Zeige mir einen Menschen, der gut ist!“ Und der schön ist! Das Bonum et Pulcherum des philosophischen Idealismus ist in der Zustandsbeschreibung von Schöpfung und Welt durch die „Gesänge des Maldoror“ außer Kraft gesetzt. Handlungen, die die menschliche Scham absichtlich verletzen, werden in der romantischen „Aesthetik des Häßlichen“ von Rosenkranz (1853) obszön genannt. Und im Lob des Öbszönen, Häßlichen und Schlechten gipfelt die nihilistische Revolte Maldorors gegenüber Schöpfung und Welt.

Rainer Wölzl hat das imaginäre Portrait des revoltierenden Menschen, der nicht lachen kann und seine aggressive Verzweiflung gegen Gott, Welt und sich selbst wendet, gegenständlich-figurativ gezeichnet. Er zeigt keine phantastische Traum- und Phantasiewelt, sondern die Wirklichkeit. Wie alle seine Gegenbilder zur ozeanischen Verschmelzungsphantasie symbolisiert sein Menschenbild Begrenztheit und Isolierung – auch im Medium eines eingeschränkten, annähernd realistischen Darstellungsstils, häufig sogar in der Rückkehr zu einem perspektivisch gegebenen Raum. Realismus, Figuration, Perspektive auf der einen und Informel, abstrakter Expressionismus, monochrome Malerei auf der anderen Seite sind als zweiseitiger Ausdruck für menschliche Begrenztheit und Grenzüberschreitung eingesetzt. Der Widerspruch zwischen Endlichkeit und Unendlichkeit, zwischen Determiniertheit und Freiheit geht mitten durch den Menschen, entzweit ihn. Im Nebeneinander von gegenständlicher und abstrakter Darstellung, in vielen Zwillingsformen, Vexierbildern und Zerstückelungsphantasien wird die Krise der menschlichen Identität anschaulich, ja peinlich und verletzend gegenwärtig. Der determinierte Mensch der Zivilisation erscheint sinnbildlich als Gedärm, Eingeweide, Exkrement, Sperma, Schmutz und immer wieder als fragmentierter, gerasterter, gekreuzigter, sadomasochistischer Körper.

Maldoror ist auch in der Version Wölzls der Exponent einer dissoziierten Persönlichkeit, dessen ambivalente Menschen- und Tiergestalt allen möglichen Verwandlungen unterliegt. Die Abgrenzung des Ichs gegenüber anderen Lebewesen, Sachen und sogar Begriffen (die allgeorisch dargestellt werden) kann sich verwischen wie extrem in der Episode mit der Metamorphose eines blonden Haars in einen tollwütigen Stock, der – groß wie ein Mensch, biegsam wie ein Aal – in einem Zimmer herumgeht und mit beiden Enden riesige Löcher in die Wand schlägt.[36]

So gut wie in ein Haar und einen Stock kann sich das aggressive Ich in einen Adler, Krebs, Hai oder eine Krake umformen. Lautréamont war ein Meister in der Handhabung des „schizophrenen Humors“, der Depersonalisation des einheitlichen Ichs zu einem pluralen Komplex sich bekämpfender Lebewesen.[37] Ein Extremfall an grotesker, protosurrealistischer Grenzverwischung zwischen Ich und Umgebung, Mensch und Tier, Angsttraum und Wirklichkeit, findet sich im (vor „schizophre-

36 Diese von Artaud geliebte Stelle hat er in seinem Brief über Lautréamont eigens nacherzählt in: Artaud, Van Gogh, der Selbstmörder durch die Gesellschaft und andere Texte und Briefe über Baudelaire, Coleridge, Lautréamont und Gérard de Nerval, München 1977, S. 82f

37 Vgl. die Ausführungen von Jean-Pierre Soulier: Lautréamont, Génie ou maladie mentale, Genève, 1964, S. 27–42

nen" Ambivalenzen und Transformierungen der Persönlichkeit überbordenden) vierten Gesang. Die lange Passage, die mit der Selbstreflexion beginnt: „je suis sale – ich bin schmutzig", und dazu ein Konglomerat erschreckender Ekelbilder assoziiert, hat auch Rainer Wölzl herausgefordert.

„Die Läuse zerfressen mich. Die Schweine erbrechen sich bei meinem Anblick. Der Schorf und der Aussatz der Lepra haben meine von gelblichem Eiter bedeckte Haut in Schuppen verwandelt ... Auf einem unförmigen Möbelstück sitzend, habe ich meine Gliedmaßen seit vier Jahrhunderten nicht bewegt. Meine Füße haben im Boden Wurzeln geschlagen und bilden bis zu meinem Leib eine Art von zäh wuchernder Vegetation, voll von gemeinen Schmarotzern, noch nicht ganz Pflanze, aber auch nicht nicht mehr Fleisch. Doch mein Herz schlägt. Wie aber könnte es schlagen, wenn die Fäulnis und Ausdünstungen meines Leichnams (ich wage nicht, Körper zu sagen) es nicht reichlich ernährten? Unter meiner linken Achselhöhle hat eine Familie von Kröten Wohnung genommen ... Unter meiner rechten Achselhöhle lebt ein Chamäleon, das dauernd auf der Jagd nach ihnen ist, um nicht vor Hunger zu sterben ... Eine böse Viper hat mein Glied gefressen und sich an seinen Platz gesetzt ... O! hätte ich mich mit meinen gelähmten Armen verteidigen können; ich glaube aber vielmehr, sie haben sich in Holzscheite verwandelt ... Zwei kleine Igel, die nicht mehr wachsen, haben einem Hund, der nicht nein sagte, das Innere meiner Hoden vorgeworfen: nachdem sie die Oberhaut sorgfälltig gewaschen hatten, nahmen sie drinnen Quartier. Der After ist von einer Krabbe versperrt worden; durch meine Schlaffheit ermutigt, bewacht sie den Eingang mit ihren Scheren und tut mir sehr weh!"

Schon Tristan Tzara sah mit Lautréamont „den Berührungspunkt überschritten, der die Schöpfung vom Wahnsinn trennt. Die Schöpfung ist für ihn schon Mittelmäßigkeit."[38] Während man den Verrücktheiten der Künstler überall vorwurfsvoll Wirklichkeit und Normalität entgegenhält, wagte Lautréamont, sie direkt zu bekämpfen. Der Wille zu ihrer Vernichtung war der Kern seiner Revolte und erhob das Verbrechen zu einer ebenso lustvollen wie heiligen Handlung. Mit dieser noch dadaistisch zu nennenden Lesart der „Chants de Maldoror", für die Lautréamont und viele Surrealisten mit ihrer gesuchten Darstellung des Konvulsivischen, Ekelhaften und Gewaltförmigen alle Schleusen der Zensur geöffnet hatten, können wir uns heute nicht mehr zufrieden geben. Die Provokationen der Anti-Kunst haben Erfolg gehabt und mehr als das. Das reale Leben, der Wahnsinn des Alltags, hat die ästhetische Verletzung der Vernunft, Moral, Scham und des „guten Geschmacks" eingeholt und zynisch übertroffen. Die grausamsten Gewaltphantasien der „schwarzen Poeten" sind nichts im Vergleich zur vergesellschafteten Aggression. Wer könnte Lautréamonts Ästhetik des Bösen als Antithese zum Weltzustand noch ernst nehmen? Auch das Konzept der Wunscherfüllung, die Opposition gegen kulturelle und religiöse Triebverdrängung haben an Glanz verloren angesichts der normalen Triebentfesselung unterm Realitätsprinzip.

Sollen Lautréamonts „Gesänge" einen Gebrauchswert, eine elementare lebenswichtige Funktion für den Leser erhalten, wie es Elisabeth Lenk in der modernen traumartigen Literatur für gegeben ansieht, müssen wir eine Umorientierung bei uns selbst vornehmen. Der Text wäre daraufhin zu lesen, was er an aggressiver Kapazität sichtbar macht und nicht mehr im Hinblick darauf, was er als ein Versprechen auf Glück und an privater Wunscherfüllung heute noch hergibt. Zu entdecken

38 Tristan Tzara: Note sur le Comte de Lautréamont ou le cri, aus: Littérature, Nouvelle Serie Nr. 1, Paris März 1922. Übersetzt von Holger Fock in: Das Geheimnis des unglaublichen Comte de Lautréamont. Mit Beiträgen von 15 Autoren, Berlin 1982, S. 36

wäre ein Auch-Aufklärungstext und nicht nur eine höhere künstlerische Form der sadomasochistischen Befriedigung, die übliche Lesart. Die „Gesänge des Maldoror“ sind phantastisch, in surrealistischer Redeweise „wunderbar“ wie im Traum und schizophrenieartig gedichtet. Ihre Sprache ist ein „Dialekt“, dessen Artikulation von den Brennpunkten des Traums und des Wahnsinns ausstrahlt und nicht von der Hochsprache der Vernunft her erfolgt. Dies hindert uns nicht, die Grausamkeiten der „Gesänge“ für wirklich zu halten, sie als wachtraum- und schizophrenieartige Chiffrierung eines realen Kriegszustandes zwischen den Menschen zu erkennen.

Die Begegnung mit dem gezeichneten Maldoror-Zyklus Rainer Wölzls weist das Nachdenken in die gleiche Richtung. Das Phantastische der Vorlage wird nicht abgeschildert,[39] sondern erscheint, unterstützt von einer teils realistischen, teils abstrakten Darstellungsweise, in vielfachen desillusionierenden Brechungen, die ein selbständiges Mitreflektieren und zeithistorisches Aktualisieren des gewöhnlich für romantisch gehaltenen Textes erlauben. Das affirmative Mitgenießen, das hedonistische Sehen der sadomasochistischen Phantasmen wird nicht verhindert, dies erweist schon die kulinarische Praxis einer Malerei mit pulverisierter Kohle, aber gleichzeitig bleibt alle Darstellungslust transparent auf eine reale, nicht literarische Dimension des Leidens und der Gewalt. Die Verharmlosung durch eine Ästhetik des Dämonischen und Unheimlichen wird gesehen, häufig genug zieht sich der Zeichner in monochromes Verschweigen und die ozeanischen Bildräume der Abstraktion zurück. Gleichwohl kann kein Bild der Wollust, das noch etwas mitteilt, seinen Gegenstand völlig ausmerzen.

Den „Wonnen der Grausamkeit“ bei Lautréamont steht das Leiden an der zugleich faszinierenden Grausamkeit bei Wölzl gegenüber. Er zeichnet den menschlichen Körper in Wollust und Schmerz, Eros und Tod heillos auseinandergerissen, utopielos, und ist darin Lautréamont verwandter als es die Doktrin Bretons war, der in der alle Gegensätze zusammenführenden „surréalité“ („une sorte de réalité absolue“)ein letzlich ganzheitliches, heilendes Weltbild antizipierte. Diese Therapie kann und will Wölzl der Welt nicht verordnen. Er ist ihr Märtyrer und Diagnostiker ohne religiöses Sendungsbewußtsein. Er liest die protosurrealistischen Phantasien des Bösen, die sarkastische Übertretung der Gesetze, die sich in einer langen Traditionslinie von de Sade über die „poètes maudits“ bis zu Bataille, Artaud, Buñuel und Dalí erstrecken, wie einen realistischen, zeitbezogenen Text, zu Recht, nachdem die Wirklichkeit die grausamsten Erfindungen der Schwarzen Poesie überholt hat. Die romantische Dämonisierung des Bösen ist bißlos geworden, sie ist ihrer ästhetischen Faszination beraubt, seitdem das Unvorstellbare möglich, das „Wunderbare“ alltäglich geworden ist, die surreali-

39 Wölzl entspricht nicht dem Klischee des surrealistischen Traummalers, weder in einem veristisch-naturalistischen, noch abstrakt-automatistischen Sinn. Ausnahmsweise zitiert er de Chiricos unwirkliche Architekturkulisse mit einer Figur, die einen langen silhouettenhaften Schatten auf den Platz wirft, ein auch bei Lautréamont zu findendes gespenstisches Moment der ruinösen Stadt. Ein einziges Mal wird an Giacometti erinnert, dessen „Tisch“ mit den vier ungleichen Beinen in der Pariser Breton-Austellung kürzlich zu sehen war. Dieses Werk gilt durch seinen Magritte-Bezug noch als späte Huldigung an den Surrealismus. (Vgl. Victor J. Stoichita: Die Hand, die Leere. In: Axel Matthes (Hg.), Louis Aragon mit anderen. Wege zu Giacometti, München 1987, S. 82) Wölzl hat den Tisch auf das aggressive, „phallische“ Emblem eines einzigen Beins reduziert und es mit einem Fetzen, der fragmentarisch an die zu Tisch sitzende Kleiderpuppe bei Giacometti erinnert, kombiniert. Die neue Groteskmontage läßt an eine Projektion des zerreißenden, sadistischen Blicks denken, der Maldorors Sexualität auszeichnet. Die Anregung durch surrealistische Kunst bleibt bei Wölzl im wesentlichen auf Methodisches beschränkt, auf den sparsamen Gebrauch des schon erwähnten psychischen Automatismus und eine passive Inspiration, die im Reagieren auf Bildvorlagen wie bei der Übermalung produktiv wird und schon von Max Ernst in jeder Hinsicht ausgereizt wurde. Die von Wölzl benutzten Vorlagen sind (zahn)-medizinischen, anatomischen Ansichtswerken, Logarithmentafeln und Druckseiten entnommen. Sie bewirken einen pseudodokumentarischen Effekt, der durch Überzeichnen und Übermalen wieder destruiert wird. Durch teilweises Stehenlassen der Vorlagen ergeben sich collageartige Wirkungen.

stischen „Kräfte des Rausches“ (Walter Benjamin) nicht der Revolution, sondern der Depression zugute gekommen sind. Auf Begeisterung ist Ernüchterung gefolgt, ein Prozeß der intellektuellen Distanzierung, der auch die erotische Verführungskraft der „Gesänge“ geschwächt hat, nachdem ihre konvulsivischen Traum- und Wahnbilder nicht mehr geheime Wünsche zu erfüllen versprechen, sondern nach erneuter Durchleuchtung reale Ängste widerspiegeln und unser ungelebtes Leben zur Schau stellen. Der einstige surrealistische Kult der Wiederkehr des Verdrängten wird in der alles simulieren könnenden Kultur der Postmoderne ohne Erstaunen und ohne Widerstand aufgenommen. Die Dialektik von gut und böse, Ich und Es, kontrollierender Vernunft und psychischem Automatismus an der Grenze zum Psychotischen, hat sich um eine Windung weitergedreht. Die Befreiung kann heute nicht mehr nur aus der Entdeckung des Unbewußten und seines bedrohlichen Verdrängungspotentials kommen, nicht länger aus einer einfachen rhetorischen Demontage der Vernunft und ihrer Institutionen, sondern die Kritik und Kontrolle ihrer Funktionalisierung für die Kräfte des Es, der unbewußten Destruktion sind das Gebot der Stunde. Dieses anzumahnen, könnte die lebenswichtigste, wenn man will, revoltierende Aufgabe der Kunst in der Nachfolge von Lautréamont und seiner surrealistischen Adepten heute sein. Lautréamont und die Surrealisten dachten weitgehend noch in einfachen, überschaubaren Gegensätzen und Interessenskonflikten von gut und böse, Traum und Wirklichkeit, Unbewußtem und Bewußtsein, Intuition und Intellekt, die heute – auf andere Weise – als es die surrealistische Revolte projektierte – verbündet sind und für die Ausbeutung der Menschen und ihres Planeten wirken.

MALDOROR, 1991/92
Öl/Leinwand, Bronze
195 x 350 x 25 cm

Rainer Wölzl

Peter Gorsen

La Gloire Posthume de Lautréamont dans l'Art

Il est bien connu que la gloire posthume de Lautréamont remonte au surréalisme français. C'est avec une partialité évidente que Louis Aragon, André Breton et Philippe Soupault réquisitionnent les « Chants de Maldoror » pour l'automatisme psychique qui apparaît en tant que définition centrale du surréalisme dans le premier manifeste rédigé par Breton. Avec largeur d'esprit ils ne tiennent pas compte du fait que le texte épique de Lautréamont n'est à proprement parler pas de preuve d'une dictée de la pensée en l'absence de tout contrôle exercé par la raison, en dehors de toute préoccupation esthétique ou morale.[1]

Maurice Blanchot a déjà signalé ce malentendu quand il remarquait la construction « merveilleusement consciente et en même temps étrangement inconsciente » du labyrinthe linguistique de Lautréamont dans lequel prévalent l'ironie, les combinaisons fantastiques et apparemment « les procédés de mystère propres aux intrigues des romans populaires et des œuvres noires. C'est son langage même qui devient une mystérieuse intrigue, une action merveilleusement combinée de roman policier, où les obscurités les plus fortes sont le moment venu tirées au clair, où les coups de théâtre sont remplacés par les images, les meurtres insolites par les violences du sarcasme ».[2]

Jean Starobinski fait remarquer également que la « pensée par des modulations pures, son ouverture vers l'impossible, sa souplesse réflexive, son accélération à une allure divinatoire… » ne se développe « qu'à la base des automatismes intégrés et maîtrisés. » Par conséquent l'automatisme psychique de la doctrine surréaliste serait « le contraire d'une vraie libération de l'individu. »[3]

La découverte de Lautréamont par les surréalistes se faisait à une époque dans laquelle ils visaient – inspirés aussi par la méthode de l'« association libre » de Freud – à un « monologue de débit aussi rapide que possible » concernant le langage parlé et écrit, « sur lequel l'esprit critique du sujet ne fasse porter aucun jugement, qui ne s'embarrasse, par suite, d'aucune réticence, et qui soit aussi exactement que possible, la pensée parlée *».*[4] *Le montage de leurs monologues composé par André Breton et Philippe Soupault (sous le titre « Les champs magnétiques ») révèle cependant qu'aussi dans ce cas on n'a pas simplement éjecté des images et morceaux de phrases incohérents mais que dans leur production spontanée les auteurs ont bien observé les règles de la syntaxe. Sans doute les fragments de phrases, les images isolées et leur combinaison alogique prévalent, mais en même temps on observe les règles syntaxiques.*[5] *Même dans l'état de plus passif ou réceptif auquel Breton et Soupault aspiraient et qui correspond à « l'introspection sans critique » postulée par Freud dans l'« Interprétation des rêves » pour la production d'associations libres « la pensée – aussi vague qu'elle soit – reste dirigée vers quelque chose. »*[6] *Malgré la « renonciation à une liaison entre les phrases individuelles » ou malgré la « combinaison pseudologique » des phrases et les expressi-*

1 André Breton: Manifestes du surréalisme, Gallimard, p. 37.
2 Maurice Blanchot: Lautréamont et Sade, Paris: Les Editions de Minuit 1963, p. 86.
3 Jean Starobinski: Psychoanalyse und Literatur, Frankfurt a. M. 1973, p. 152.
4 Breton: Manifestes, op. cit., p. 34.
5 Peter Bürger: Der französische Surrealismus, Frankfurt a. M. 1971, p. 154, 158.
6 idem.

ons nettement absurdes le texte surréaliste des « champs magnétiques » révèle une « structure de signification », une transposition du logique vers le fantastique.[7] *A partir de ce fait on pourrait décrire le surréalisme aussi en tant qu'histoire de l'echec de l'automatisme psychique.*

Malgré toute la critique de la doctrine de l'automatisme psychique en dérive vers les domaines de l'occultisme et la parapsychologie il ne faudrait pas oublier la raison originelle des surréalistes de découvrir et proclamer une création inconsciente, une expression de soi avant toute forme artistique déterminée. Ils espéraient trouver un instrument de libération de la pensée institutionnalisée non seulement dans la littérature et dans l'art mais à tous les niveaux de la vie adaptée à la réalité et la division de travail et coupée du potentiel de production imaginative anarchique et sans but apparent. Les « Chants de Maldoror » paraissaient être des émanations libres d'un flux de conscience autonome sans censure culturelle qui doivent mener forcément à une collision avec les valeurs établies du vrai, bien et beau. Les nombreuses définitions de beauté tournées vers le négatif, par exemple celle bien connue et souvent répétée: « beau [...] comme la rencontre fortuite sur une table de dissection d'une machine à coudre et d'un parapluie » faisaient de Lautréamont (à côté de Rimbaud) la figure de proue d'une révolte qui dans sa phase initiale dadaïste et protosurréaliste visait à la négation radicale et la destruction des valeurs et traditions bourgeoises. Les actes de Maldoror représentent allégoriquement l'inversion des buts les plus élevés des efforts humains vers le mensonge, le mal et le laid. Le plaisir et le calcul avec lesquels Maldoror (mal d'aurore) suit son penchant pour le mal le poussent à l'hédonisme extrême du crime sadique. La définition de beauté de Lautréamont peut être lue en tant que parabole de ce que Michel Carrouges a fait remarquer. La comparaison de beauté, le « beau comme », se réfère à la figure du victime Mervyn qui dans la « rencontre fortuite » avec Maldoror rencontre son assassin sadique futur. « Le parapluie, symbole mâle ne peut se rapporter qu'à Maldoror; la ‹ machine à coudre › féminise l'image de Mervyn. Les noms mêmes sont chargés de double sens. Maldoror est d'abord le mâle. Mervyn est l'anagramme de vermine et sa première syllabe évoque la mère. La ‹ table de dissection › annonce la mise à mort de Mervyn par Maldoror. » Tel est le résumé du contenu du sixième chant par Carrouges.[8]

Le meurtre sadique et l'esthétique surréaliste du crime représentent le point culminant d'une révolte nihiliste désespérée qui préfère choisir la destruction et la négation absolue au lieu d'accepter une vie qui est telle qu'on la trouve. Albert Camus la qualifiait de tragique parce qu'elle signifie l'autodestruction des révoltés. Il devait reconnaître cependant que le « refus de tout déterminant » était la manière surréaliste d'aimer le monde.[9] *Pour l'« homme révolté » du surréalisme chaque sabotage de l'ordre établi de valeurs qui est provoqué soit par ironie, parodie, humour noir, automatisme psychique ou la fête de l'absurde doit signifier un acte de libération de grande importance. Ce que Breton et les surréalistes ont trouvé chez Lautréamont, le « principe de transformation permanente »*[10] *les renforçait à continuer le chemin emprunté. « Ce que l'idéologie initiale des surréalistes avait de commun avec l'attitude fondamentale de Lautréamont et Rimbaud et ce qui liait notre destin pour toujours au leur c'était la répulsion de la guerre et le défaitisme » et Breton continue: « Pour nous il ne restait qu'une possibilité: une révolution improbable-*

7 op. cit. p. 164

8 Michel Carrouges: Mode d'emploi, in Junggesellenmaschinen/Les machines célibataires, Harald Szeemann (ed.), catalogue de la Biennale de Venise, 1975.

9 Albert Camus: L'homme révolté, Paris: Gallimard 1951.

10 Breton dans sa préface à l'œuvre de Lautréamont, in Lautréamont: Das Gesamtwerk, Aus dem Französischen mit einem Nachwort u. einer Bibliographie von Ré Soupault. Zusätzlich mit Marginalien anderer Autoren, Reinbek 1963, p. 246.

ment radicale, impitoyablement étendue et ne ménageant aucun domaine de vie... Cette idéologie est à la base de tous les excés qu'on pourrait nous reprocher. »[11]

Cette pensée anarcho-dadaïste à l'ombre de la première guerre mondiale qui dans sa critique générale de la civilisation visait aussi tout art et littérature, c'est bientôt que les surréalistes autour de Breton la qualifiaient de trop simple et trop peu structurée. Leur rupture avec dada se faisait en 1922 quand Tristan Tzara boycottait le « congrès international pour la détermination des directives et pour la défense de l'esprit moderne » et refusait tout essai constructif de déterminer une opinion surréaliste expérimentalement fondée. C'est dans cette phase de constitution du surréalisme qui culmine dans le premier manifeste du 1924 qu'on trouve les expériences avec l'automatisme psychique et la réception de Lautréamont. En paradigme d'une image « qui présente le degré d'arbitraire le plus élevé » et « qu'on met le plus longtemps à traduire en langue pratique » Breton cite aussi une des comparaisons « beau comme » des « Chants de Maldoror »: « Beau comme la loi de l'arrêt du développement de la poitrine chez les adultes dont la propension à la croissance n'est pas en rapport avec la quantité de molécules que leur organisme s'assimile. »[12]

A cette époque la découverte de Lautréamont était toujours au dessous du seuil de création littéraire ou artistique. Au nom d'une créativité qui est accessible à tout le monde et qui proteste contre la séparation de l'art et de la vie, « poètes et non-poètes »,[13] *la maxime de Lautréamont « La poésie doit être faite par tous. Non par un »*[14] *était d'une brûlante actualité. Ici on voyait un pont vers la collectivité surréaliste de la création qui n'était plus « sous le règne de la logique » et du « rationalisme absolu », mais qui intègre dans la conscience des « formes d'association jusqu'alors négligées, ... la toute-puissance du rêve,...le jeu désintéressé de la pensée » afin d'arriver à une expérience générale de l'ensemble de lois formelles esthétiques et de la production automatique. C'est pourquoi dans le manifeste de Breton on trouve à un endroit central la remarque de « la résoluton future de ces deux états, en apparence si contradictoires, que sont le rêve et la réalité, en une sorte de réalité absolue, de* surréalité, *si l'on peut ainsi dire. »*[15]

Il ne s'agit ni de dissoudre la réalité dans le rêve, ni de transformer l'etat éveillé en état de rêve. Ceci signifierait la répétition de l'ancienne dualité des formes de rêve et de raison. Au lieu de cela la combinaison dans une conscience est indiqué qui ne se laisse pas prendre de nouveau au piège de la « fiction d'un moi esthétique fondant une unité » ou d'une personnalité raisonnable synthétisant l'etat de rêve et de veille.[16] *Elisabeth Lenk interprétait les « Chants de Maldoror » (comme aussi « Alice au pays des merveilles » de Lewis Carroll qui date de la même époque) en tant que début d'une nouvelle « littérature onirique » qui dans sa tendance élimine la narration à distance qui vient d'une perspective totale. L'auteur se dissout dans la multitude des figures et objets décrits. « La rupture qui dans le roman réaliste se trouvait entre l'auteur plus ou moins omniscient et plus ou moins ironique et le héros tout absorbé dans la vie du roman traverse maintenant l'auteur et toutes les figures ».*[17] *Lautréamont est impliqué dans les métamorphoses protéiformes de ses figures et créatures, il n'a aucune chance d'orientation objective en dehors des effets, condensations, associations grotesques et images hallucinatoires qui sont racontés à la manière d'un rêve*

11 Breton: qu'est-ce que le surréalisme? in Maurice Nadeau: Geschichte des Surrealismus, Reinbek 1965, p. 13.

12 Breton: Manifestes, op. cit., p. 52 et sq.

13 Gisela Steinwachs: Mythologie des Surrealismus oder « Die Rückverwandlung von Kultur in Natur », Neuwied–Berlin 1971, p. 39.

14 Isidore Ducasse/Comte de Lautréamont: Œuvres complètes, Paris: Gallimard 1973, p. 311.

15 Breton: Manifestes, op. cit., p. 23 et sq.

16 Elisabeth Lenk: Die unbewußte Gesellschaft. Über die mimetische Grundstruktur in der Literatur und im Traum, Munich 1983, p. 259.

17 op. cit. p. 260.

éveillé et « qui de manière encore plus intense que chez Rimbaud évoquent des états délíriques et vraiment psychotiques. »[18] *La « révolution linguistique » de Lautréamont doit être vue en tant qu'« expression d'une attraction des mots venant du pôle du rêve ». Il travaille avec la non-identité de langage et pensée, de réalité sensible et idéal, « avec le noyau-image des mots, si l'on peut ainsi dire », ce qui pourrait expliquer la grande fascination qu'il exerçait sur les peintres surréalistes, en tête Magritte avec ses dessins au sujet des « Chants de Maldoror » (1948). Magritte comprenait également le mystére, la poésie dans l'invention de Lautréamont d'une « rencontre fortuite d'un parapluie et d'une machine à coudre » comme une séparation de l'image et de la signification ou du symbôle qu'on ne pouvait pas illustrer.*[19] *L'« hérétique » d'une écriture à la manière d'un rêve pour laquelle il y a de nombreuses parallèles dans les dessins et peintures surréalistes est « la représentation du vacillant, instable, vivant au milieu d'un monde obsédé par le culte de l'exacte, la représentation d'êtres la forme extérieur desquels change en permanence sans pouvoir identifier une des figures comme la vraie ou correcte. Chaque élément vit, existe pour soi, vit sa vie autonome. L'ordre hiérarchique des valeurs du monde éveillé est supprimé. »*[20] *Les régressions de l'expérience du rêve ne sont plus au service d'une expérience intégrale du moi et du monde. Le langage « rêvé » dans les « Chants de Maldoror » est le contraire de la maîtrise de soi ou d'un pouvoir disciplinaire intellectuel tel que la psychanalyse l'entraîne par rapport à l'inconscient. L'attitude surréaliste pour laquelle Lautréamont est aussitôt réquisitionné signifie principalement de renforcer le ça contre toute censure et contrôle du moi. Entre le rationalisme d'un Freud (« Le moi doit déloger le ça ») et l'ouverture de Breton vers le « fantastique » (le mélange de rêve et état éveillé sans hiérarchie) il n'y a en fin de compte pas de communication ou coopération. La méthode de connaissance surréaliste n'est pas une psychanalyse appliquée. Celle-ci est plutôt exclue de la révolte surréaliste qui est une attitude anarchique qui fait du rêve et de l'automatisme psychique controversé une fin en soi.*

Les débuts de l'influence des « Chants de Maldoror » sur les arts plastiques du surréalisme ont été peu étudiés. D'abord la « poésie » de Lautréamont était discutée par quelques surréalistes dans le cadre d'une théorie générale de l'image et restait limitée au rôle d'inspirateur d'une nouvelle manière d'écrire. La citation susmentionnée d'une comparaison « beau comme » des « Chants de Maldoror » que Breton insère au manifeste de 1924 représentait involontairement un aiguillage vers une réception abrégée et stéréotypée de Lautréamont qui visait à une combinaison absurde d'éléments incohérents, un processus de condensation analogue au rêve et à l'automatisme psychique. Les résultats des expériences linguistiques dans les « Champs magnétiques » publiés en 1919 n'avaient rien de comparable dans les domaines de dessins et peinture. Ainsi Max Morise soutenait en 1924 dans le premier numéro de la revue « La Révolution Surréaliste » l'« impossibilité d'une peinture automatique et donc d'une peinture surréaliste. »[21] *Et c'est encore un an plus tard, dans le troisième numéro de cette revue que Pierre Naville pouvait écrire: « Plus personne n'ignore qu'il n'y a pas de* peinture surréaliste. *Ni les traits du crayon livré au hasard des gestes, ni l'image retraçant les figures de rêve, ni les fantaisies imaginatives, c'est bien entendu, ne sauraient être qualifiées de telle manière. »*[22]

18 Dieter Wyss: Der Surrealismus. Eine Einführung und Deutung surrealistischer Literatur und Malerei, Heidelberg 1950, p. 24.

19 René Magritte: Sämtliche Schriften, Munich–Vienne 1981, p. 539.

20 Lenk, op. cit., p. 259.

21 Dictionnaire général du Surréalisme et de ses environs, Adam Biro et René Passeron (ed.), Fribourg 1982, p. 290.

22 La Révolution Surréaliste, no. 3, 15 avril 1925, p. 27.

Cette critique concernait non en dernier lieu aussi les dessins automatiques d'André Masson qui étaient publiés dans les premiers deux numéros et qui paraissaient griffonnés rapidement comme en transe en suivant les instructions du manifeste surréaliste de Breton. Des dessins de lignes, rapidement dessinés, abstraits et en arabesques s'étalent jusqu'aux bords de la feuille et s'entrecoupent avec les fragments figuratifs qui pour la plupart montrent des parties du corps et membres isolés. Par la doctrine de l'« automatisme psychique pur » Masson espérait transposer par la voie la plus directe ses actes passionnels et aggressions sexuelles. Le flux de dessin automatique ne fut ni interrompu ni corrigé. Dans ses « tableaux de sable » qui datent de la même époque Masson n'a pas emprunté cette méthode. En 1924 André Masson et Miró, les « automatistes » déterminants futurs, commençaient seulement le passage du cubisme à une manière plus libre et abstraite de dessiner et de peindre. Miró qui dans la même année fut introduit dans le cercle surréaliste, commençait les dessins automatiques autour de 1925, Masson seulement fin de 1926. Vers 1925 Max Ernst systématisait la technique sémi-automatique du frottage, le calquage par frottement de surfaces de peintures ou dessins qu'il combinait avec des dessins consciemment composés. L'« Histoire Naturelle » publiée en 1926 est conçue suivant cette invention. Ainsi la voie artistique d'une écriture automatique était ouverte, si l'on ne voit pas déjà dans les séries de collages produites à partir de 1922 le procédé de montage hallucinatoire inspiré par Rimbaud et Lautréamont. Max Ernst donnait l'impulsion à de nombreux autres procédés de production sémi-mécaniques qui par la suite étaient explorés artistiquement par le surréalisme. Rappelons la décalcomanie, le flottage, décollage, grattage, fumage, cachetage ou le dripping déjà utilisé par Max Ernst.

De manière programmatique et définitive la transformation du surréalisme d'une conception du monde et manière de penser universelles en art proprement dit s'accomplit seulement dans le recueil de textes de Breton « Le Surréalisme et la Peinture » publié en 1928. Moyennant des exemples d'Arp, de Chirico, Duchamp, Ernst, Klee, Masson, Miró, Man Ray et Tanguy on y trouve un élargissement gros de conséquences de l'automatisme psychique et du rêve vers la peinture. L'aspect du contrôle conscient et de l'inspiration intellectuellement guidée fut réhabilité, pourtant purifié par les expériences avec l'association libre. On peut dire que le théoricien de la révolte a reçu une leçon par la pratique des artistes surréalistes qui de leur côté expérimentaient avec la thèse de l'automatisme pur.

Ceci peut se voir dans la manière de travailler des « automatistes » des débuts Miró et Masson. Dans un tableau comme « La Naissance du monde » (1925) Miró renonçait pour la première fois aux traçages de composition et se confiait dans cette première phase au flux rapide des formes en couleurs en utilisant tous les effets du hasard. Dans une seconde phase de travail les fonds informes, la mer de couleurs appliquées partiellement par chiffon et éponge, sont transformés en un ordre structurant par quoi la généalogie de la forme émanant du chaos gagne en plus un aspect parabolique. Dans le « Carnaval d'Arlequin »(1924–25), le tableau le plus connu des débuts de l'œuvre surréaliste de Miró, les formes individuelles biomorphes enchaînées ont déjà produit cette poésie typiquement surréaliste qui selon Lautréamont naît de la liaison de l'incohérent. Le poème que Miró écrit au sujet de ce tableau révèle la genèse des deux de la source de l'automatisme psychique: « La pelote de fil démêlée par les chats déguisés comme des arlequins de fumée s'enlace autour de mes entrailles et les perce pendant la famine qui produisait les hallucinations enregistrées dans ce tableau – la belle floraison de poissons dans un champ de pavot dessinée dans la neige d'un papier... »[23]

23 Citation suivant William S. Rubin: Dada und Surrealismus, Stuttgart 1972, p. 154.

Masson s'est laissé inspirer plus expressément que Miró par les imaginations de Lautréamont et de Rimbaud pour faire ses amalgames de formes hallucinatoires et corps dissociés. Dans ses tableaux de poissons qu'il a peints à partir de 1926 on trouve souvent des néomorphismes faits de figures d'hommes et d'animaux avec des corps à la manière d'un dessin-devinette et des contours ambigus – une créature hybride combattante qui encore plus que les métaphores d'éros et de pulsions de mort souvent réclamées pour Masson est enracinée dans le monde amphibie monstrueux de Maldoror. Dans son « Combat des Poissons » de 1927, un de ses premiers tableaux de sable fait d'huile, sable et crayon sur toile, Masson renversait le rapport entre automatisme et contrôle. Dans la première phase de travail l'application des surfaces de sable sur le fond enduit de colle était soumise à une opération strictement réglée et ce n'était qu'après qu'il appliquait les motifs partiellement abstraits et partiellement figuratifs dans une écriture de lignes librement flottantes autour des surfaces de sable. Ces linéaments irréguliers et entortillés se transformaient en poissons combattants dans un monde sous-marin de manière qu'il a retenu ses impressions dans le titre. Des taches de couleur, notamment en rouge, donnaient l'impression de taches de sang.

Ce tableau « rêvé » permet deux manières d'interprétation différentes: soit en tant que retour du refoulé et censuré au sens de la théorie de libération surréaliste, soit en tant que lutte pour l'existence, en tant que grotesque démasquante du darwinisme social devenu démon. Lenk n'a pas interprété le rêve de Lautréamont en tant que réalisation d'un désir mais elle reconnaît en lui la « fonction plus élémentaire et d'importance vitale » de « dévoilement et ainsi de réalisation psychique de cette partie de la réalité que les impératifs sociaux ne permettent pas de percevoir parce que qu'elle se trouve en contradiction avec l'image que la société a d'elle-même. »[24]

Au quatrième chant de Maldoror l'être humain est soumis à la métamorphose en un corps de poisson aussi grand qu'un dauphin avec des nageoires dorsales et des pattes de canard au lieu des bras et jambes. Au deuxième chant Maldoror s'accouple avec une femelle de requin, « mon premier amour ». Le « vieil océan » terrifiant est son « lit d'hyménée » et un élément dominé par « la loi du plus fort ». « La (sic!) sang se mêle aux eaux, et les eaux se mêlent au sang. »[25] *La rencontre de Maldoror avec la femelle de requin culmine dans la reconnaissance satanique: « Je me suis trompé jusqu'ici; en voilà un qui est plus méchant. » L'homme fort apparaît ici en tant qu'opposant du bien. Avec « beaucoup de plaisir cruel » et à la manière de Nietzsche Lautréamont l'a doté d'une volonté obscène de puissance. Ceci n'est pas affirmatif mais suivant l'interprétation de Lenk une critique onirique de la société qui cache sa vraie figure et masque le mal permis. « La littérature onirique révèle quelque chose qui est caché par la littérature ‹ réaliste › qui ne fait que reproduire l'image licite: la façade sociale. »*[26] *C'est avec cette convergence surréaliste de Lautréamont et Masson qui prisent le dévoilement plus que la satisfaction des désirs que les adaptateurs artistiques des « Chants de Maldoror » devront désormais être mesurés.*

L'influence que Lautréamont a exerecée sur le surréalisme naissant est à juste titre comparée à celle de Giorgio de Chirico la « Pittura Metafisica » duquel (fondée en commun avec Carlo Carrà) fut terminée vers 1919, à savoir même avant la naissance du mouvement surréaliste. Les deux convergent dans le montage grotesque du disparate, mais il faut dire que le peintre ainsi que ses successeurs, la peinture onirique plus ou moins vériste des surréalistes Dalí, Delvaux, Ernst, Magritte et Tanguy mettaient l'accent sur

24 Lenk, op. cit., p. 260.
25 Lautréamont, op. cit., p. 110 et sq.
26 Lenk, op. cit.

l'énigme et l'obscurcissement du monde perçu. De Chirico réussissait des effets de distanciation que Man Ray fut le premier à systématiser dans les domaines du montage d'objets et de photographie. De Chirico libérait les choses de leur contexte utile et les réorganisait de manière alogique, absurde, irrationnelle. Sa manière de priver les choses de leur contenu de réalité et de les assembler pour former de nouveaux ensembles gros de significations, souvent des enchaînements d'associations faisait apparaître ses tableaux tels que « Les muses inquiétantes » (1916) ou « Le grand métaphysicien » (1917) comme les équivalents picturaux imprégnés de l'atmosphère des « Chants de Maldoror ». De Chirico fut interprété en tant que peintre onirique protosurréaliste qui recourt aux mécanismes suivant lesquels les processus inconscients se déroulent et qui sont à l'œuvre dans les mécanismes du rêve tels que la condensation, le déplacement, la symbolisation de ses objets. Une réception de Lautréamont tout au début se trouve chez Man Ray. Déjà en 1921 quand il quittait les Etats-Unis pour s'installer à Paris il présentait son objet absurde d'un fer à repasser « cadeau » sur la surface à repasser duquel est soudée une série de cabochons. Le montage surréaliste du disparate s'exprime aussi dans le titre: si l'on lit le mot « cadeau » à l'inverse, on prononce le mot « audace ». Man Ray appliquait l'automatisme psychique au montage d'objets qu'il a fixés sur des photographies. Celles-ci ne servaient guère de documentations de l'original mais de modèles d'association pour le spectaeur qui suivant la théorie surréaliste devait se libérer des manières de voir et de représenter acquises par endoctrinement culturel. C'était la lecture des « Chants de Maldoror » et surtout la phrase qui parle de l'ensemble grotesque de la machine à coudre et du parapluie sur une table de dissection chirurgique qui inspirait Man Ray à sa photographie d'un objet emballé et donc invisible qu'il appelait « L'énigme d'Isidore Ducasse » (1920) d'après le nom civil de Lautréamont. Sous le ficelage du paquet il y a un objet que seul l'artiste connaissait et dont il conservait le secret pour le spectateur. C'était une sorte de teste de projection qui confrontait le spectateur devinant avec ses imaginations, peut-être avec son désir érotique refoulé. Sur la photo Man Ray présentait un objet indéfini qui fut interprété par les spectateurs en association libre aussi comme objet d'attraction érotique. Aujourd'hui nous savons que le paquet ficelé contenait une machine à coudre. La publication de l'objet reproduit dans le premier numéro de « La Révolution surréaliste » (1924) où il fut placé entre des procès-verbaux de rêve souligne la mise sur le même plan du surréalisme et automatisme. La méthode de l'« associaton libre » de Freud était à l'origine de nombreux objets-devinettes créés entre 1917 et 1970 évidemment privés de leur fonction psychothérapeutique. Man Ray avait nettement avoué le rôle de l'automatisme psychique dans la production surréaliste. « Chaque effort poussé par le désir ne peut aboutir que par une énergie automatique et inconsciente. Les réserves de forces en nous sont inépuisables, si seulement nous les utilisons sans sentiment de honte et de convenance. » Celui-ci doit être trompé ou saboté d'une autre manière, voilà le sens de la révolte surréaliste. L'artiste qui met au grand jour le désir érotique, « les motivations et instincts longtemps réprimés » est son agent.[27]

Lautréamont est avec de Sade le promoteur littéraire du déchaînement des pulsions dans la révolte surréaliste. Leurs images paranoïaques et imaginations hallucinatoires ne sont pas imaginables sans lui. L'art n'en est pas exclu, ni les dessinateurs Artaud, Bellmer, Michaux, Magritte (avec ses 76 dessins « Les chants de Maldoror » qui datent seulement de 1948) ni Wols ni un exhibitionniste mégalomane comme Dalí.

Il est vrai que celui-ci ne s'est référé directement aux « Chants de Maldoror » que dans une seule série de gravures à l'eau-forte pourtant opulente comprenant 52 gravures qui datent de 1934, mais son œuvre

27 Man Ray: Das Zeitalter des Lichts (1934), in Man Ray. Inventionen und Interpretationen. Catalogue d'exposition du Frankfurter Kunstverein 1979, p. 37.

entier est au fond une ode à l'alchimie des êtres hybrides de Lautréamont et aux « métamorphoses de substances » (Julien Gracq). On ne peut pas s'imaginer les collages de Max Ernst sans la lecture des coupures, pénétrations et melanges des êtres dans les « Chants de Maldoror ». Ce fut Max Ernst qui utilisa dans son autobiographie la phrase bien connue de Lautréamont sur le montage et avec son aide il donna presqu'une définition de manuel du collage surréaliste: il serait « l'exploitation systématique de la rencontre fortuite ou artificiellement provoquée de deux ou plusieurs réalités distantes sur un plan apparemment non convenant – et l'étincelle de poèsie qui jaillit lors du rapprochement de ces réalités. »[28]

L'exploitation systématique du hasard était d'ailleurs une profession de foi en faveur de l'automatisme psychique de Breton que Max Ernst et d'autres maintenant mettaient au service des arts plastiques afin d'arriver à la « peinture automatique ». Dans ce cas aussi l'accent fut mis d'abord sur une poésie qui pourrait être faite par tout le monde et non seulement par des artistes divinement doués. Le démontage surréaliste du mythe de création bourgeois qui attribue la créativité au génie et talent ainsi pouvait se servir encore une fois de la devise de Lautréamont proclamant l'origine collective de la poésie. Max Ernst l'a utilisée de même que le théorème de l'automatisme psychique pour sa définition centrale du surréalisme de 1934. « Etant donné que chaque homme ‹normal› (et non seulement l'artiste) possède, comme on sait, dans son inconscient une réserve inépuisable d'images enfuies il faut du courage ou des procédés libérants (comme l'écriture automatique) afin de mettre au jour des objets trouvés (‹images›) authentiques (non faussés par un contrôle quelconque) des voyages d'exploration de l'inconscient, l'enchaînement desquels on peut qualifier de connaissance irrationnelle ou objectivité poétique suivant la définition de Paul Eluard: ‹L'objectivité poétique consiste uniquement en l'enchaînement de tous les éléments subjectifs dont le poète sera désormais l'esclave et non le maître.› D'où s'ensuit que l'artiste fausse. »[29]

La gloire posthume de Lautréamont dans l'art qui ne fut pas précédée de gloire de son vivant – ni dans la littérature, ni dans l'art – fleurissait et prospérait avec la révolte surréaliste et lui a survécu. On ne dit rien de nouveau, si l'on rappelle que l'attitude fondamentale expérimentelle du surréalisme envers l'inconscient, l'automatisme psychique et le rêve continue à vivre à multiples réfractions et corrections ou dans des versions nouvelles et que le projet de la modernité est un processus infini de prises de conscience de contenus refoulés. Il est continué par les retours en arrière néo-expressionnistes de la seconde moitié du siècle, par les comparaisons d'art et primitivisme, art brut et art culturel, par l'esthétique ethnopsychiatrique, le croisement et le melange des cultures, un nomadisme artistique naïf qui se développe à côté du marché. L'extrémisme de Lautréamont n'a donc pas réussi à accomplir l'élimination radicale extrêmement utile de l'art pubertaire que Ernst Robert Curtius espérait pour la prochaine génération. Sa polémique contre les chants de Lautréamont, qui seraient « une série ininterrompue d'excès de rêveries sadiques » où il ne serait pas « permis de faire la diffférence entre beau et laid… entre force d'esprit et psychose » et la « schizophrénie » deviendrait « pour le poète plus important que la grammaire »[30] *aujourd'hui semble surannée.*

28 Max Ernst: Biographische Notizen (Wahrheitsgewebe und Lügengewebe), in Max Ernst. Retrospektive 1979. Catalogue, Werner Spies (ed.), Munich 1979, p. 135. Versions antérieures, in « Au delà de la peinture », Cahiers d'Art 1937, « Beyond Painting, New York 1948.

29 Max Ernst: Was ist Surrealismus? in Karlheinz Bark (ed.): Surealismus in Paris 1919–1939. Ein Lesebuch. Leipzig: Reclam Verlag 1990, p. 617.

30 Ernst Robert Curtius: Indezente und laszive Bücher, in Lautréamont. Das Gesamtwerk, 1963, op. cit., p. 245.

Artaud, Gide, Gracq, Henry Miller ou aussi Wolfgang Koeppen avaient raison quand ils reconnaissaient la moralité derriére la modernité et élargissaient l'influence du poète maudit jusqu'à Samuel Beckett. Dans les pays de langue allemande et surtout chez les artistes des arts plastiques Lautréamont paraît sous un jour moins brillant qu'en France, peut-être aussi en cause de la barrière de langue. Il est difficile de mesurer l'ampleur des effets de son œuvre entière qui fut traduite en allemand pour la première fois en 1954 (ensuite en 1963, 1976, 1985, 1988) sur le monde de l'art entretemps internationalisé. Quels artistes se sont déclarés aussi ouvertement partisans des chants et poésies de Lautréamont que Georg Baselitz, le peintre et rédacteur du « Pandémonium » (1961/62).[31]

Pendant un séjour d'études à Paris en 1991 le viennois Rainer Wölzl qui a déjà présenté des interprétations graphiques remarquables de Celan, Genet et Beckett a fait plus de deux cents dessins au fusain et à l'huile sur papier dont quatre-vingt-dix sont publiés dans ce livre. L'impression n'est qu'une approximation de la vie propre des originaux qui réussissent à arracher des charmes de colorations insolites au dialogue du dessin limité au noir et blanc. On a renonçé au graphite qui par ses éclats aplanit chaque surface. Le fusain est appliqué au crayon et en forme pulvérisé et crée une coloration nuancée qui vacille entre noir d'ivoire et noir bleu sur le fond blanc. Le fusain pulvérisé avec la couleur à l'huile diluée fondante donne à la couleur une apparence aérée dans un espace de profondeur sans perspective en partie flottante, en partie tourbillonnante à tournoiements intérieurs et flottements linéaires, giclante ou gouttante, aux bords de la monochromie. Ici les stimuli de la surface du tableau de diffiérents matériaux avec lequel Wölzl expérimente en tant que peintre sont intégrés de manière sublime dans le processus de dessiner. La surface ainsi approfondie et troublée trouve sa plus belle correspondance dans l'hymne de Maldoror au « vieil océan » dans sa « grandeur matérielle » et « puissance active » qu'il a fallu pour engendrer la totalité de sa masse. L'océan dans le « sentiment calme » de sa « puissance éternelle » formant une « surface sublime » est en même temps une métaphore du courant de vie infini dont les vagues grandissantes et diminuantes « accompagnées du bruit mélancolique de l'écume qui se fond, pour nous avertir que tout est écume » symbolisent les efforts de l'être humain.

Rainer Wölzl n'a pas donné une illustration des « Chants de Maldoror », il ne se tient pas non plus par principe au déroulement des évenements racontés en épisodes. Sa série est conçue suivant d'autres lois esthétiques qui sont déterminées et pondérées par la rencontre personnelle avec le texte. Ceci imposait une sélection et un réarrangement des leitmotive succéssifs. Pendant la lecture l'artiste a marqué les passages et phrases les plus utilisables et gros d'images au bord du texte par des esquisses minuscules. Dans la deuxième phase de travail le dessin définitif fut exécuté suivant le modèle esquissé en écoutant simultanément le texte enregistré sur bande magnétique. L'allumage poétique entre le texte et son interprétation dans le dessin ne suivait aucun autre ordre que la « voix intérieure », la conscience esthétique de l'interprète.

Néanmoins on trouve une concordance atmosphérique entre le symbolisme romantique de l'« élan vital » et le retentissement du sentiment catholique-baroque pour les franchissements de limites de la vie, un rapport de sympathie entre la mélancolie du poète maudit et la sensibilité nécrophile du viennois pour la déchéance inévitable de la forme. Les deux possèdent une affinité à la putréfaction et la mort de tout être vivant. Dans quelques-uns de ses dessins Rainer Wölzl suit même l'adoration de Lautréamont pour les formes anorganiques et cristallines de la géométrie dont le langage incorporel de triangle, cercle et carré

31 Vingt gouaches furent publiées pour la première fois dans l'édition des Editions Rogner und Bernhard: Comte de Lautréamont (Isidore Ducasse): Die Gesänge des Maldoror, Munich 1976.

comporte aussi un extrême de perte d'émotions et d'absence de vie. La tendance noire-monochrome dans les dessins de Wölzl (comme aussi dans les toiles de grand format) évoque symboliquement aussi l'unité humaine inséparable de fertilité et de mort. L'homme et le cosmos, l'individu et le monde, le moi et le ça, la nature et Dieu apparaissent de même que chez Lautréamont dans un champ de force polarisé dont l'expérience n'est pas harmonique mais dissonante. « En descendant du grand au petit, chaque homme vit comme un sauvage dans sa tanière, et en sort rarement pour visiter son semblable, accroupi pareillement dans une autre tanière. La grande famille universelle des humains est une utopie digne de la logique la plus médiocre. » L'aliénation parmi les hommes décrite chez Lautréamont devient le point de départ d'une rébellion totale contre la création et le monde. Toutes les limites entre l'homme et l'univers, que la raison, la morale et la religion ont dressées sont égalisées par un courant automatique d'images qui réunissent toutes les oppositions entre bien et mal, beau et laid, joie de vivre et dégout de vivre. Sa liberté comprend tous les crimes et anomalies imaginables. Longtemps avant les surréalistes des absurdités et montages grotesques se trouvent décrits en tout détail dans les « Chants de Maldoror ».

Au chant premier de Maldoror Lautréamont ébranle la grande axe d'orientation philosophique entre l'être fini et l'être infini, dans les chants suivants celle entre l'homme et Dieu. Au cours des chants le rapprochement entre Maldoror, la figure transformable á métamorphoses continues, et l'océan toujours égal à lui-même, « symbole de l'identité », prend des formes toujours plus monstrueuses et menaçantes qui mènent à la perte d'identité de l'individu. Maldoror, l'individu sans identité, la personnification du sens des potentialités, qui se jette dans le « courant du mal » pour rendre hommage à l'« hermaphrodite malheureux » ou chercher l'« accouplement hideux » avec la femelle de requin, accepte aussi son auto-destruction. Il a la nostalgie de l'origine indifférente de la création. La nature protéiforme de Maldoror a, comme Albert Camus l'a reconnu, sa « patrie » dans le « viel océan », qui est en même temps le lieu de l'anéantissement et de la « réconciliation. »[32] Le lieu symbolise deux choses: l'angoisse de l'anéantissement du moi dans la profondeur intellectuellement insondable de l'océan qui peut signifier aussi le ça, le pôle des pulsions de la personnalité. Sa gueule qui dévore tout « est formidable. Elle doit être grande vers le bas, dans la direction de l'inconnu. » De l'autre côté l'océan accorde aussi un sentiment de plaisir renconfortant d'éternité que Freud dans son dialogue avec Romain Rolland (sur la vraie source de la religiosité) décrit comme « un sentiment de liaison inséparable, de solidarité avec l'ensemble du monde extérieur. »[33]

Le sentiment de sécurité et de liberté que l'immersion dans la perception d'une chose illimitée et sans bornes, quasiment « océanique » (Freud) peut conférer à l'individu est une expérience qui est familière depuis longtemps dans l'art. Depuis les débuts des tableaux suprématistes de Malevitch et de l'expressionnisme abstrait d'un Jackson Pollock ou des « carrés noirs » d'Ad Reinhardt il est au centre de l'intérêt artistique visant à une expression picturale sans objet. Rainer Wölzl a exprimé le sentiment océanique illimité dans les tableaux sans perspectives rythmés à des bandes coulantes horizontales et verticales. Non seulement la tendance informelle mais aussi la tendance monochrome se réunissent à l'élément océanique. Les dessins automatiques moins fréquents dont les linéaments tournants, tourbillonnants et enchevêtrés inspirés du passage connu au chant cinquième sur la manière de voler des bandes d'étourneaux sont griffonnés rapidement appartiennent aussi au groupe des formes océaniques. Dans la combinaison modérée avec des formes

32 Albert Camus: L'homme révolté, op. cit.
33 Sigmund Freud: Das Unbehagen in der Kultur, in Gesammelte Werke, tome XIV, S. Fischer Verlag, p. 422.

figuratives, celles-ci peuvent être un bateau ou une goutte dans l'océan ou une idole monstrueuse de fertilité, l'expression océanique abstraite se transforme en une représentation symbolique.

Le « sentiment océanique » est pourtant ambivalent. Sa présence dans beaucoup de tableaux sémi-abstraits et monochromes de la modernité, y compris les surfaces noires dynamiques de Wölzl, peut exprimer aussi le danger que le moi voit dans sa fusion avec l'univers. Le contraire de l'individu protéiforme transformable qui se révolte contre le traditionnel est l'homme qui aime sa limitation et vit entièrement isolé dans sa tanière. Ses aggressions se dirigent vers sa propre personne. Lautréamont le caractérise comme quelqu'un qui ne peut pas rire et par conséquent sépare ses lèvres avec le couteau dans une manie de lésion volontaire. Cet acte désespéré ne fait que souligner la solitude humaine. « Un instant je crus mon but atteint. Je regardai dans un miroir cette bouche meurtrie par ma propre volonté! C'était une erreur! » Seulement celui qui rit qui fut décrit par Helmuth Plessner en tant que « décharge déchaînée de sentiment débordant » et « s'abandonner à un automatisme corporel » « est ouvert au monde. Conscient de son détachement et dégagement qui peut s'associer souvent à un sentiment de supériorité l'homme cherche à être uni aux autres. Le rire ne peut s'épanouir pleinement qu'en compagnie d'autres qui rient. »[34]

En vue de ce modèle anthropologique Maldoror apparaît en tant que cas limite psycho-pathologique. Dans un autre passage il reconnaît: « Je n'ai jamais pu rire, quoique plusieurs fois j'aie essayé de le faire. C'est très difficile d'apprendre à rire. Ou plutôt, je crois qu'un sentiment de répugnance à cette monstruosité forme une marque essentielle de mon caractère. » Mais ce sentiment de dégout de rire que Wölzl essaye de capturer sur trois tableaux est aussitôt objectivé à la vue de la nature cruelle. « Nature! nature! m'écriai-je en sanglotant, l'épervier déchire le moineau, la figue mange l'âne et le ténia dévore l'homme! » Ici il déplore la cruauté dont Maldoror sinon chante les louanges. Amour et haine, sentiments de jouissance et de dégout de la nature cruelle se trouvent dans son âme l'un à côté de l'autre sans intermédiaire. Ce conflit de sentiments en forme d'un jumelage grotesque d'oppositions qui sinon s'excluent mutuellement est désigné dans la psychiatrie par le terme d'« ambivalence schizophrène » (Eugen Bleuler). Dans les « Poésies » qui succèdent aux « Chants de Maldoror » et qui n'existent qu'en préface d'un livre futur la construction d'ambivalence, le phénomène d'affirmation et négation simultanées, reçut un élargissement systématique par le dualisme de folie et raison, les polarités de bien et mal, cruauté et pitié, états de veille et de rêve, négation et affirmation du rire. La révocation des « Chants » radicalement méchants fut le couronnement littéraire d'une contradiction en soi « schizophrène » déjà amorçée dans les « Chants ».

Au premier chant le narrateur qui parle à la première personne et qui se démasque plus tard comme Maldoror, ouvre sa carrière satanique par une tirade de haine contre les hommes qui « à chaque moment du jour depuis le commencement de l'enfance jusqu'à la fin de la vieillesse, en répandant des anathèmes incroyables, qui n'avaient pas le sens commun, contre tout ce qui respire, contre eux-mêmes et contre la Providence, prostituer les femmes et les enfants, et déshonorer ainsi les parties du corps consacrées à la pudeur. » C'est plein de dérision que Dieu est défié en tant que cause première et raison éternelle de la création échouée et accusé d'indifférence pour le cours des choses: « montre-moi un homme qui soit bon! » Et qui soit beau! Le bonum et pulcherum de l'idéalisme philosophique est déclaré sans effet par la description de l'état de la création et du monde dans les « Chants de Maldoror ». Dans l'« Esthétique du laid » de Rosenkranz (1853) qui date du romantisme les actes qui volontairement portent atteinte à la pudeur hu-

34 Helmuth Plessner: Lachen und Weinen. Eine Untersuchung nach den Grenzen menschlichen Verhaltens, Munich 1950, p. 95, 152, 195.

maine sont qualifiés d'obscène. Et c'est dans l'éloge de l'obscène, du laid et du mal que culmine la révolte nihiliste de Maldoror contre la création et le monde.

Rainer Wölzl a dessiné de manière figurative le portrait imaginaire de l'homme révolté qui ne peut pas rire et retourne contre soi son désespoir aggressif envers Dieu et le monde. Il ne montre pas de monde imaginaire de rêve mais la réalité. Comme tous ses tableaux opposés à une imagination océanique de fusion sa vision de l'homme symbolise la limitation et l'isolement – aussi dans le médium d'un style de représentation restreint presque réaliste, souvent même en retournant à un espace de perspective. Réalisme, figuration, perspective d'un côté et informel, expressionnisme abstrait, peinture monochrome de l'autre côté sont utilisés comme expressions bilatérales de la limitation et le franchissement des limites. La contradiction entre le fini et l'infini, entre détermination et liberté passe à travers de l'homme, le divise en deux. Dans la coexistence de représentation figurative et abstraite, dans beaucoup de formes jumelles, dessins-devinettes et visions de morcellement la crise de l'identité humaine devient concrète et présente de manière embarrassante et blessante. L'homme déterminé de la civilisation apparaît symboliquement en tant qu'intestins, entrailles, excréments, sperme, ordure et à plusieurs reprises en tant que corps sadomasochiste fragmenté, tramé, crucifié.

Dans la version de Wölzl Maldoror est aussi le représentant d'une personnalité dissociée dont la figure ambivalente d'homme et animal est soumise à tout genre de métamorphoses. Les délimitations du moi envers d'autres êtres, choses et même notions (qui sont représentées allégoriquement) peut s'estomper comme c'est le cas extrêmement dans l'épisode de la métamorphose d'un cheveu blond en un bâton enragé qui – grand comme un homme et flexible comme une aiguille – déambule dans une chambre et par ses deux bouts fait des trous énormes dans la paroi.[35]

Aussi bien qu'en un cheveu et un bâton le moi aggressif peut se transformer en un aigle, une écrevisse, un requin ou un poulpe. Lautréamont fut un maître de la manipulation de l'« humour schizophrène », la dépersonnalisation du moi homogène vers un complexe pluriel d'êtres combattants.[36] *Un cas extrême d'effacement de limites grotesque et protosurréaliste entre le moi et l'entourage, l'homme et l'animal, cauchemar et réalité se trouve au chant quatrième (qui déborde d'ambivalences « schizophrènes » et transformations de la personnalité). Le long passage qui commence par l'autoreflexion: « Je suis sale. » et associe un conglomérat d'images répugnantes a défié aussi Rainer Wölzl.*

« Les poux me rongent. Les pourceaux, quand ils me regardent, vomissent. Les croûtes et les escares de la lèpre ont écaillé ma peau, couverte de pus jaunâtre… Assis sur un meuble informe, je n'ai pas bougé mes membres depuis quatre siècles. Mes pieds ont pris racine dans le sol et composent, jusqu'à mon ventre, une sorte de végétation vivace, remplie d'ignobles parasites, qui ne dérive pas encore de la plante, et qui n'est plus de la chair. Cependant mon cœur bat. Mais comment battrait-il, si la pourriture et les exhalaisons de mon cadavre (je n'ose pas dire corps) ne le nourrissaient abondamment? Sous mon aisselle gauche, une famille de crapauds a pris résidence… Sous mon aisselle droite, il y a un caméléon qui leur fait une chasse perpétuelle, afin de ne pas mourir de faim… Une vipère méchante a dévoré ma verge et a pris sa place… Oh! si j'avais pus me défendre avec mes bras paralysés; mais je crois plutôt qu'ils se sont changés en bûches… Deux petits hérissons, qui ne croissent plus, ont jeté à un chien, qui n'a pas refusé l'intérieur de

35 Ce passage aimé par Artaud fut raconté par lui dans sa lettre sur Lautréamont, in Artaud: Van Gogh, der Selbstmörder durch die Gesellschaft und andere Texte und Briefe über Baudelaire, Coleridge, Lautréamont und Gérard de Nerval, Munich 1977, p. 82 et sq.

36 Cf. le texte de Jean-Pierre Soulier: Lautréamont, Génie ou maladie mentale, Genéve 1964, p.27–42.

mes testicules: l'épiderme, soigneusement lavé, ils ont logé dedans. L'anus a été intercepté par un crabe; encouragé par mon inertie, il garde l'entrée avec ses pinces, et me fait beaucoup de mal! »

Déjà Tristan Tzara pensait qu'avec Lautréamont « fut dépassé le point de contact qui sépare la création de la folie. Pour lui la création est déjà médiocrité. »[37]

Tandis que partout on oppose d'un air de reproche aux folies des artistes la réalité et la normalité, Lautréamont a osé les combattre directement. La volonté de les anéantir fut le noyau de sa révolte et éleva le crime à un acte aussi plein de jouissance que sacré. Cette manière d'interpréter les « Chants de Maldoror » qu'on peut encore qualifier de dadaïste et suivant laquelle Lautréamont et beaucoup de surréalistes avec leur représentation recherchée du convulsif, dégoutant et violent avaient ouvert tous les barrages de la censure ne saurait plus nous satisfaire aujourd'hui. Les provocations de l'anti-art étaient couronnées de succès et plus que ça. La vie réelle, la folie de tous les jours, a rattrapé l'atteinte esthétique portée à la raison, la morale, la pudeur et le « bon goût » et l'a dépassée cyniquement. Les visions de violence les plus cruelles des poètes maudits ne sont rien en comparaison de l'aggression socialement acceptée. Qui pourrait prendre encore au sérieux l'esthétique du mal de Lautréamont en tant qu'antithèse opposée à l'état du monde? Le projet de satisfaction des désirs, l'opposition au refoulement culturel et religieux des pulsions, a également perdu son éclat en vue du déchaînement normal des pulsions sous le principe de réalité.

Pour que les « Chants » de Lautréamont reçoivent une valeur utilitaire et une fonction élémentaire d'intérêt vital pour le lecteur, comme Elisabeth Lenk l'interprète comme donnée dans la littérature onirique moderne, il faut que nous procédions à une réorientation chez nous-mêmes. Il faudrait désormais lire le texte avec l'intention d'analyser ce qu'il fait voir de capacité aggressive et non en vue de ce qu'il vaut toujours en tant que promesse de bonheur et satisfaction de désirs. Il faudrait découvrir aussi un texte d'information et non seulement une forme artistique supérieure de satisfaction sadomasochiste, qui est la version habituelle. Les « Chants de Maldoror » sont « fantastiques » suivant la diction surréaliste, écrits comme en rêve et à la manière schizophrénique. Leur langage est un « dialecte » dont l'articulation rayonne à partir des foyers du rêve et de la folie et ne vient pas de la langue académique de la raison. Ceci ne nous empêche pas de prendre les cruautés des « Chants » pour des réalités, de reconnaître en eux le chiffrage d'un état de guerre réel entre les hommes décrit á la manière d'un rêve éveillé et de la schizophrénie.

La rencontre avec la série de dessins de Maldoror par Rainer Wölzl renvoie la réflexion dans la même direction. Les aspects fantastiques du texte ne sont pas dépeints,[38] *mais grâce à la manière de représenter en partie réaliste et en partie abstraite ils apparaissent en réfractions désillusionnantes multiples qui permettent une réflexion indépendante et une actualisation historique du texte que l'on prend d'habitude*

37 Tristan Tzara: Note sur le Comte de Lautréamont ou le cri, in Littérature, Nouvelle Série no. 1, Paris. 1 mars 1922.

38 Wölzl ne correspond pas au cliché du peintre surréaliste de rêves, ni au sens vériste-naturaliste, ni au sens abstrait-automatiste. A titre exceptionnel il cite les décors d'architecture irréelle par une figure qui projette sur la place une ombre longue en forme de silhouette, un aspect fantomatique de la ville ruiné qui se trouve aussi chez Lautréamont. Une seule fois on évoque Giacometti dont la « table » à quatre pieds inégaux fut exposée derniérement dans l'exposition de Breton à Paris. Par sa référence à Magritte cette œuvre est considérée comme hommage tardive au surréalisme (voir Victor J.Stoichita: Die Hand, die Leere, in Axel Matthes (éd.), Louis Aragon mit anderen. Wege zu Giacometti. Munich 1987, p. 82). Wölzl réduit la table à l'emblème aggressive « phallique » d'un seul pied et l'a combiné avec un torchon qui de manière fragmentaire évoque le mannequin assis à la table de Giacometti. Le nouveau montage grotesque fait penser à une projection du regard sadique déchirant qui caractérise la sexualité de Maldoror. Chez Wölzl l'inspiration par l'art surréaliste reste essentiellement limitée à l'aspect méthodique, à l'utilisation réduite de l'automatisme psychique mentionné et une inspiration passive qui devient productive lors de la réaction aux tableaux-modèles comme dans le cas de recouvrements de modèles et qui fut déjà explorée à tous égards par Max Ernst. Les modèles utilisés par Wölzl sont pris d'illustrations médicales (dentaires) et anatomiques, de tables des logarithmes et pages imprimées. Ils produisent un effet pseudo-documentaire qui est détruit par le recouvrement par le dessin ou la peinture. Des effets de collage résultent du non-effacement partiel des modèles.

pour romantique. La jouissance affirmative et la vision hédoniste des fantasmes sadomasochistes ne sont pas empêchées, ceci est prouvé par la pratique culinaire seule d'une peinture au fusain pulvérisée, mais en même temps tout plaisir de représenter laisse entrevoir une dimension réelle et non littéraire de souffrance et violence. Le danger de minimisation par une esthétique du démoniaque et de l'inquiétant est remarqué et assez souvent le dessinateur se retire vers le silence monochrome et les espaces picturales « océaniques » de l'abstraction. Néanmoins aucun tableau de volupté qui communique quelque chose ne saurait éliminer complètement son objet.

Les « délices de la cruauté » chez Lautréamont s'opposent à la souffrance de la cruauté à la fois fascinante chez Wölzl. Il dessine le corps humain irémédiablement déchiré en volupté et douleur, éros et mort, sans utopie et ainsi est plus voisin de Lautréamont que la doctrine de Breton qui dans la « surréalité » (« une sorte de réalité absolue ») réunissait toutes les oppositions et anticipait une image du monde finalement totalitaire et guérissante. Wölzl ne peut et ne veut pas ordonner une telle thérapie au monde. Il est son martyr et diagnostiqueur sans conscience de sa mission religieuse. Il lit les imaginations protosurréalistes du mal, la transgression sarcastique des lois qui dans une longue ligne de tradition commençant par de Sade en passant par les poètes maudits s'étend jusqu'à Bataille, Artaud, Buñuel et Dalí comme un texte réaliste actuel et il a raison, puisque la réalité a dépassé les inventions les plus cruelles de la poèsie noire. La démonisation romantique du mal a perdu son aiguillon, elle est privée de sa fascination esthétique depuis que l'inimaginable est devenu possible, le « fantastique » est devenu le quotidien, les « forces de l'enivrement » (Walter Benjamin) n'ont pas servi à la la révolution mais à la dépression. L'enthousiasme fut suivi de désillusion, un processus de distanciation intellectuellle qui a aussi afflaibli la force séductrice et érotique des « Chants », puisque leurs images convulsives de rêve et de délire ne promettent plus la satisfaction des désirs secrets, mais après analyse répétée reflètent des angoisses réelles et exhibent notre vie non vécue. Dans la culture postmoderne le culte surréaliste de jadis du retour du refoulé est accueilli sans surprise ou résistance. La dialectique du bien et mal, du moi et ça, de raison surveillante et automatisme psychique aux bords du psychotique a fait un tour de plus. Aujourd'hui la libération ne peut plus résulter simplement de la découverte de l'inconscient et de son potentiel de refoulement menaçant, non plus d'un simple démontage rhétorique de la raison et de ses institutions, mais c'est la critique et le contrôle de son utilisation au service des forces du ça et de la destruction inconsciente qui figurent à l'ordre du jour. Aujourd'hui la tâche de première nécessité, et si l'on veut, révoltante de l'art dans la succession de Lautréamont et de ses adeptes surréalistes pourrait être de réclamer ce fait. Lautréamont et les surréalistes pensaient pour la plupart dans des oppositions et conflits d'intérêts simples et saisissables de bien et mal, rêve et réalité, inconscient et conscient, intuition et intellecte qui aujourd'hui sont liées d'une autre maniére – que la révolte surréaliste l'avait projeté – et coopèrent à l'exploitation de l'homme et de leur planète.

Mein ganzes Leben lang sah ich die Menschen mit engen Schultern, ohne eine einzige Ausnahme, stupide und zahlreiche Taten vollbringen, sah sie ihresgleichen verdummen und die Seelen mit allen Mitteln verderben. Das Motiv ihrer Handlungen nennen sie: Ruhm. Bei solchem Anblick wollte ich lachen wie die anderen; aber das, seltsame Nachahmung, war unmöglich. Ich nahm ein Federmesser mit scharf geschliffener Klinge, und dort, wo die Lippen sich vereinigen, durchschnitt ich das Fleisch. Einen Augenblick lang glaubte ich mein Ziel erreicht. In einem Spiegel betrachtete ich diesen durch meinen eigenen Willen verletzten Mund! Es war ein Irrtum! (I/S. 12)

J'ai vu, pendant toute ma vie, sans en excepter un seul, les hommes, aux épaules étroites, faire des actes stupides et nombreux, abrutir leurs semblables, et pervertir les âmes par tous les moyens. Ils appellent les motifs de leurs actions : la gloire. En voyant ces spectacles, j'ai voulu rire comme les autres; mais, cela, étrange imitation, était impossible. J'ai pris un canif dont la lame avait un tranchant acéré, et me suis fendu les chairs aux endroits où se réunissent les lèvres. Un instant je crus mon but atteint. Je regardai dans un miroir cette bouche meurtrie par ma propre volonté! C'était une erreur!

(I/S. 20 f)

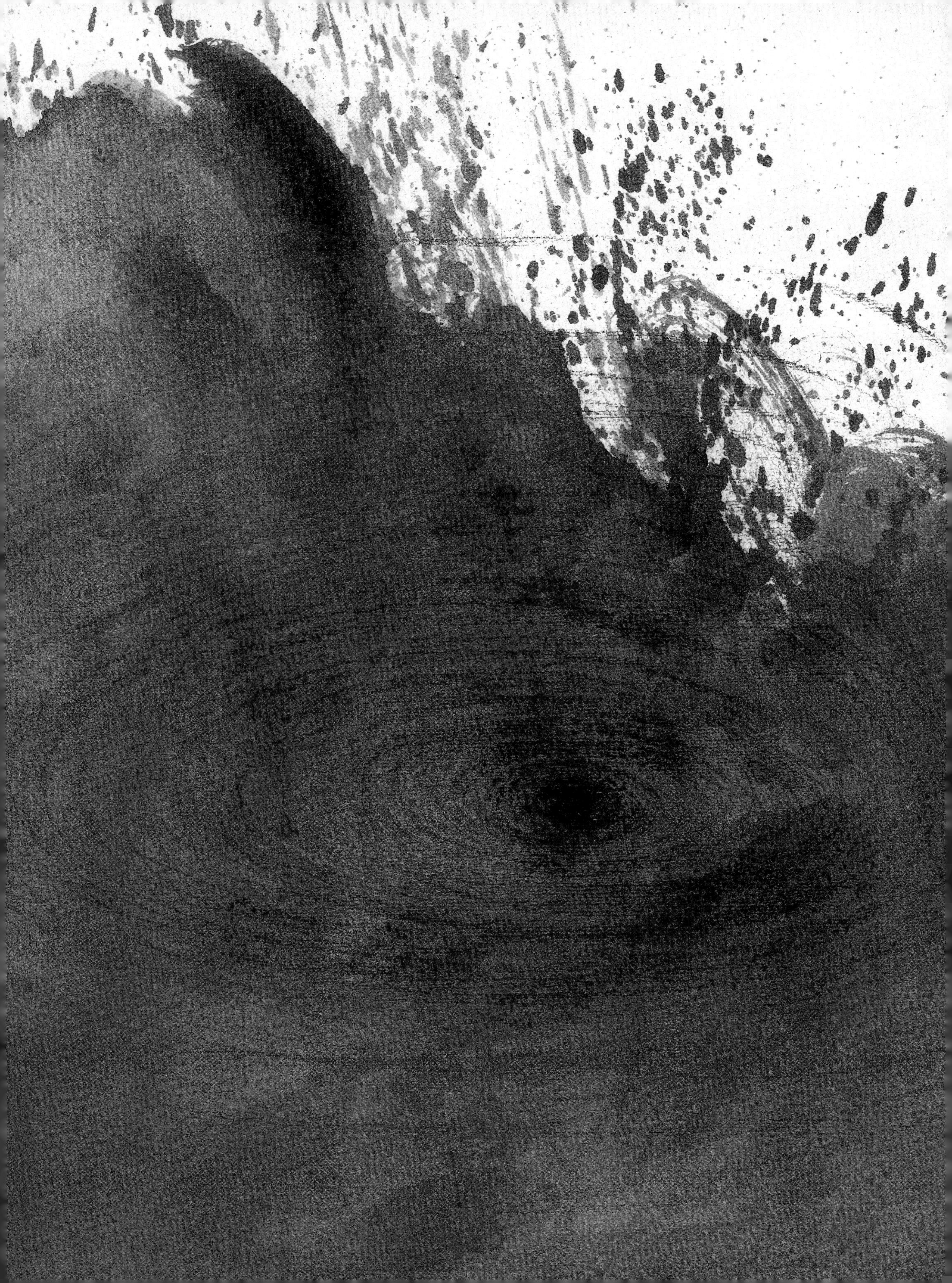

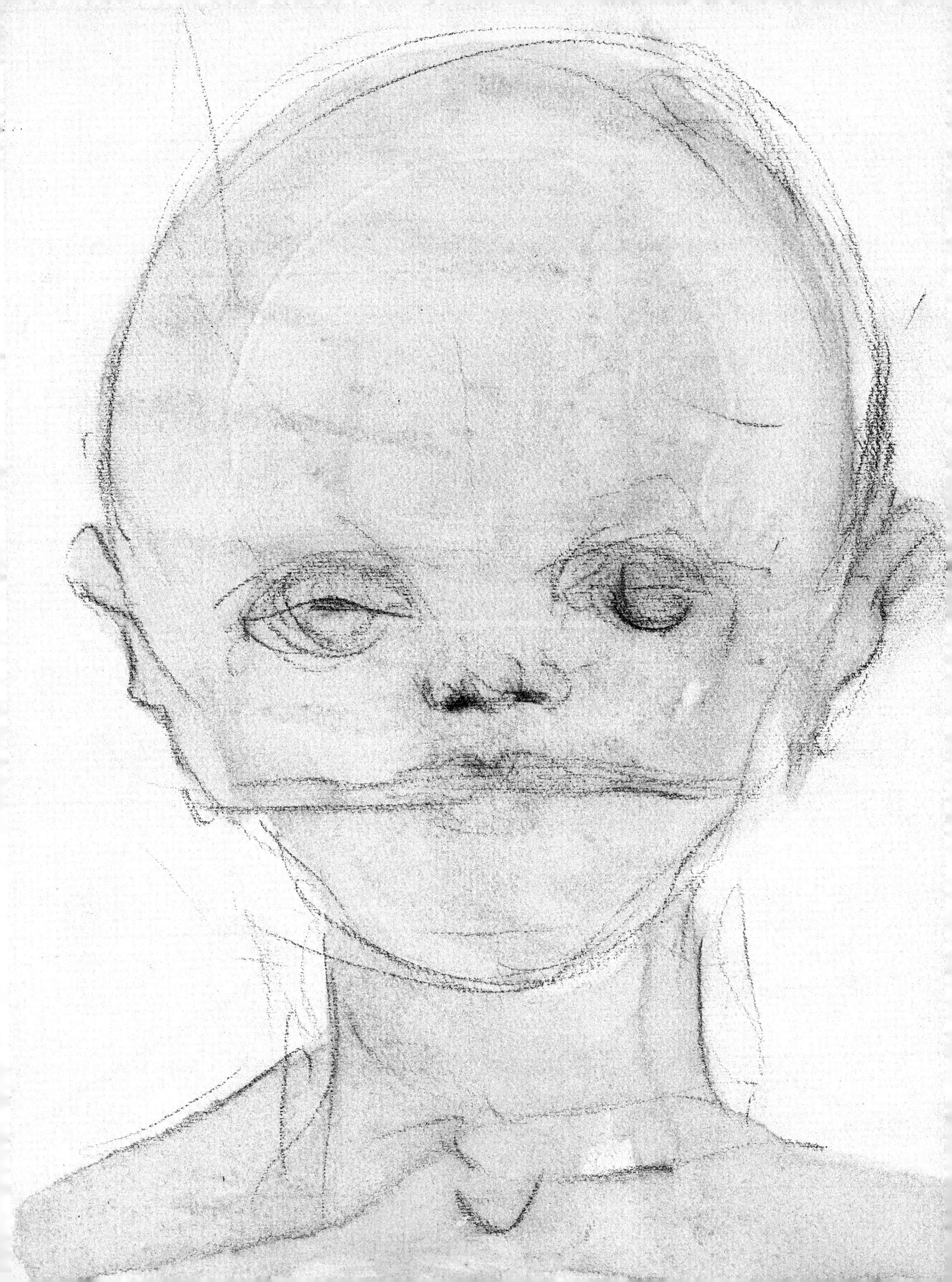

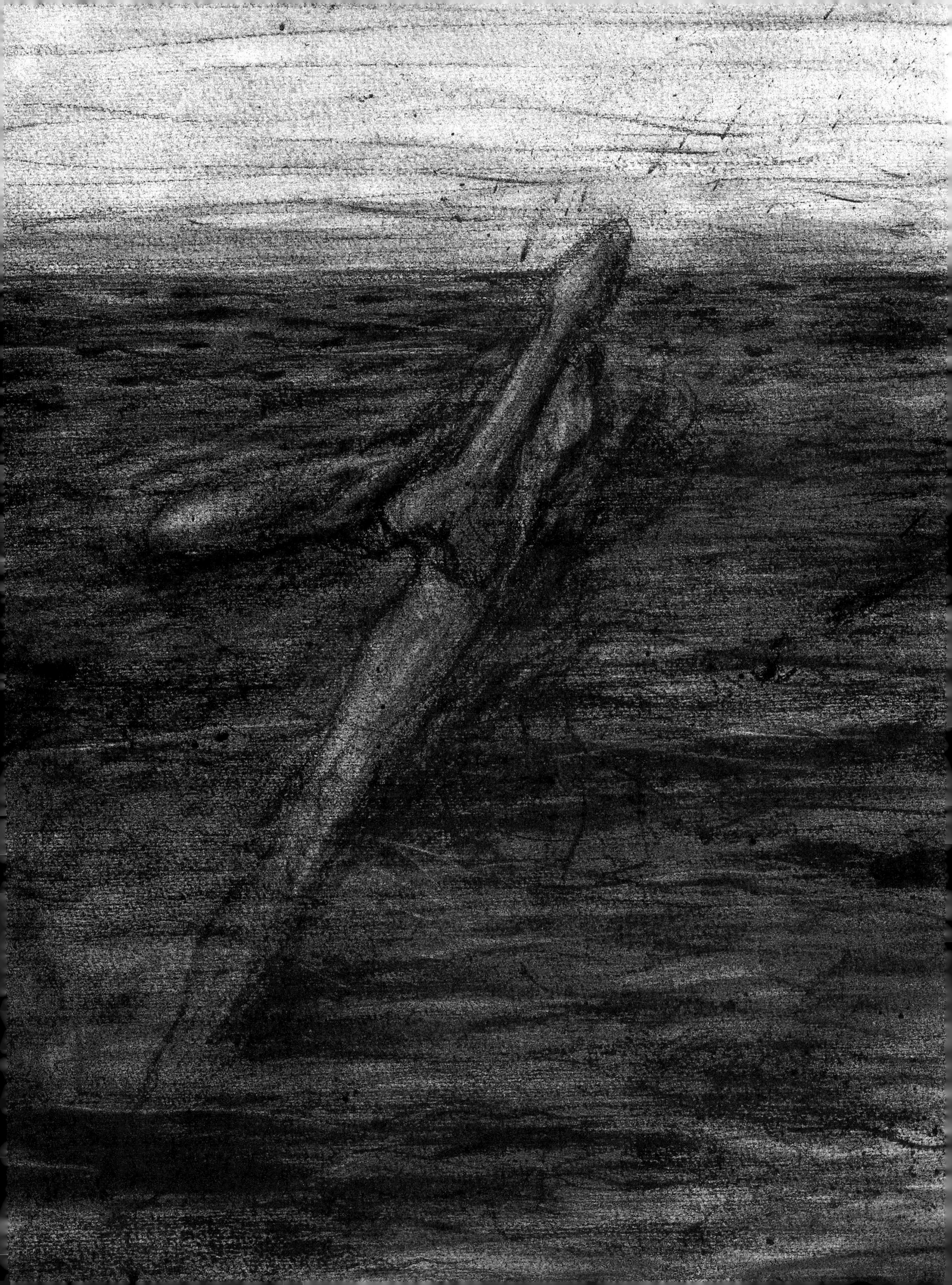

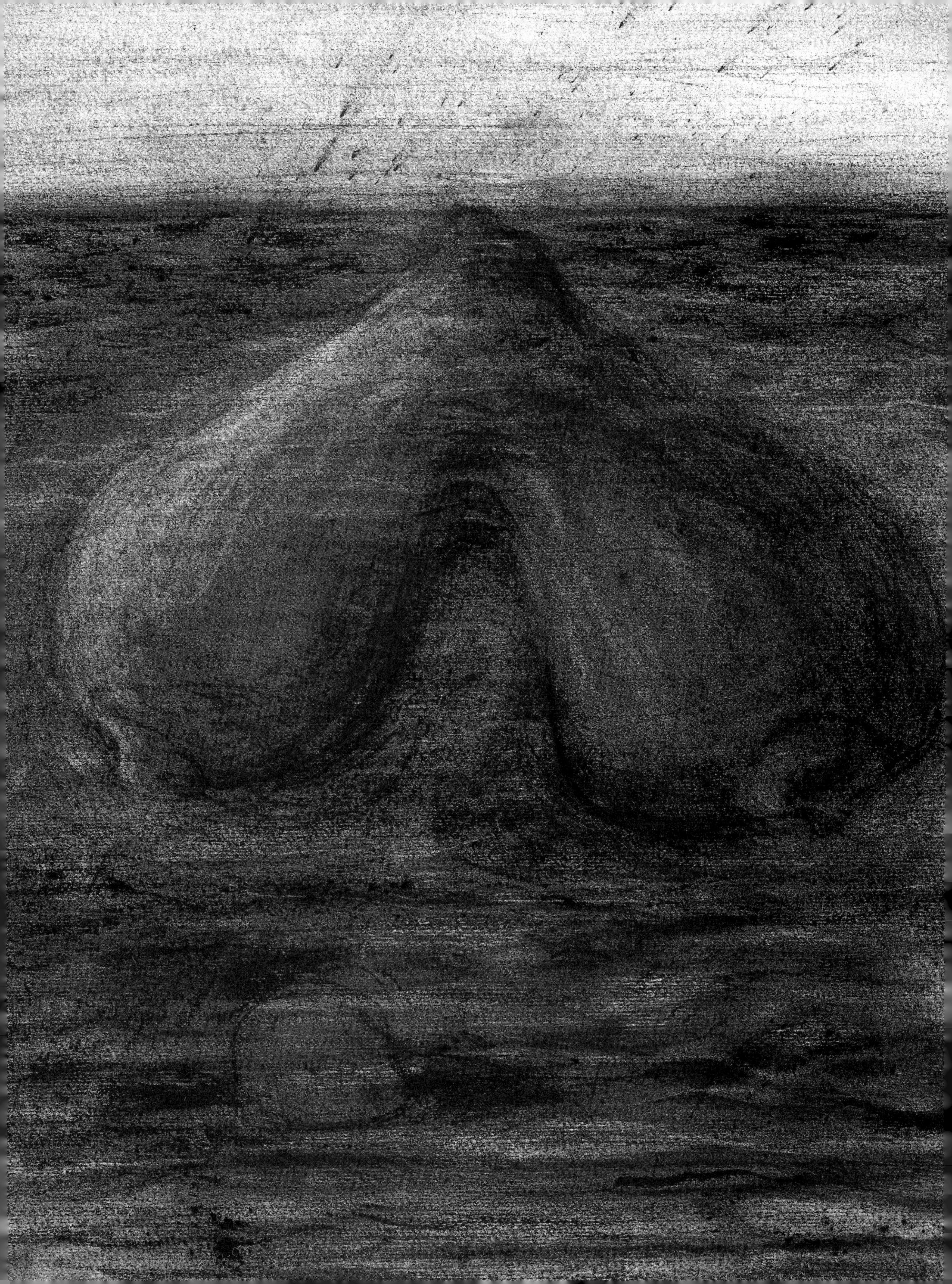

Ich streckte die andere Hand aus und riß ihm das Haupt ab. Dann jagte ich dieses Weib mit Peitschenhieben aus meinem Hause und sah es nicht wieder. Sein Haupt behielt ich zur Erinnerung an meinen Sieg... In der Hand ein Haupt, an dessen Schädel ich nagte, stand ich auf einem Fuß wie der Reiher, am Rande des Abgrunds, in die Flanken des Berges gehöhlt. Man sah mich ins Tal hinabsteigen, während die Haut meiner Brust unbeweglich und ruhig war wie der Deckel eines Grabes! (II/S. 107)

J'étendis l'autre main et lui arrachai la tête. Je chassai ensuite, hors de ma maison, cette femme, à coups de fouet, et je ne la revis plus. J'ai gardé sa tête en souvenir de ma victoire... Une tête à la main, dont je rongeais le crâne, je me suis tenu sur un pied, comme le héron, au bord du précipice creusé dans les flancs de la montagne. On m'a vu descendre dans la vallée, pendant que la peau de ma poitrine était, immobile et calme, comme le couvercle d'une tombe! (II/S. 117)

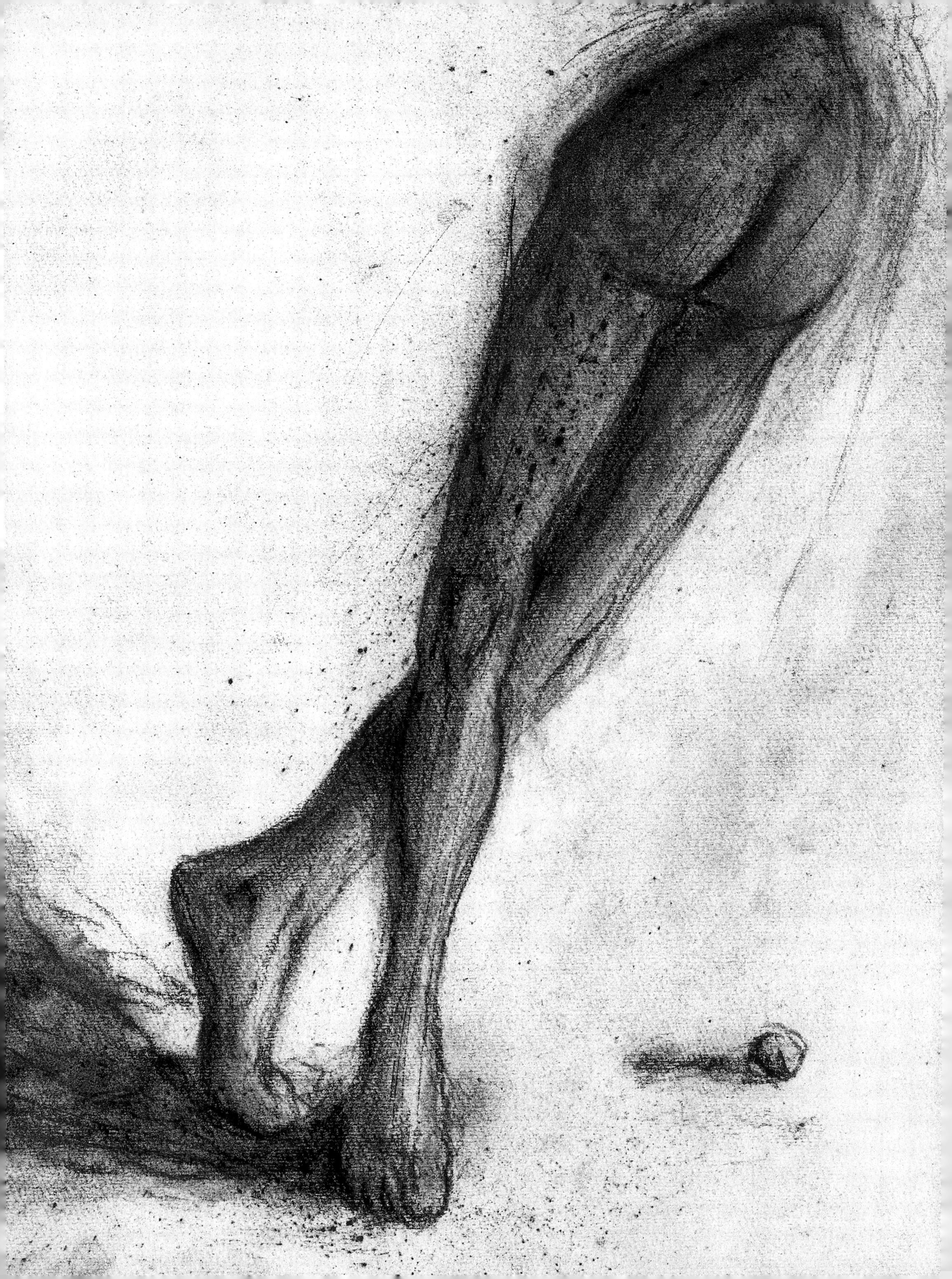

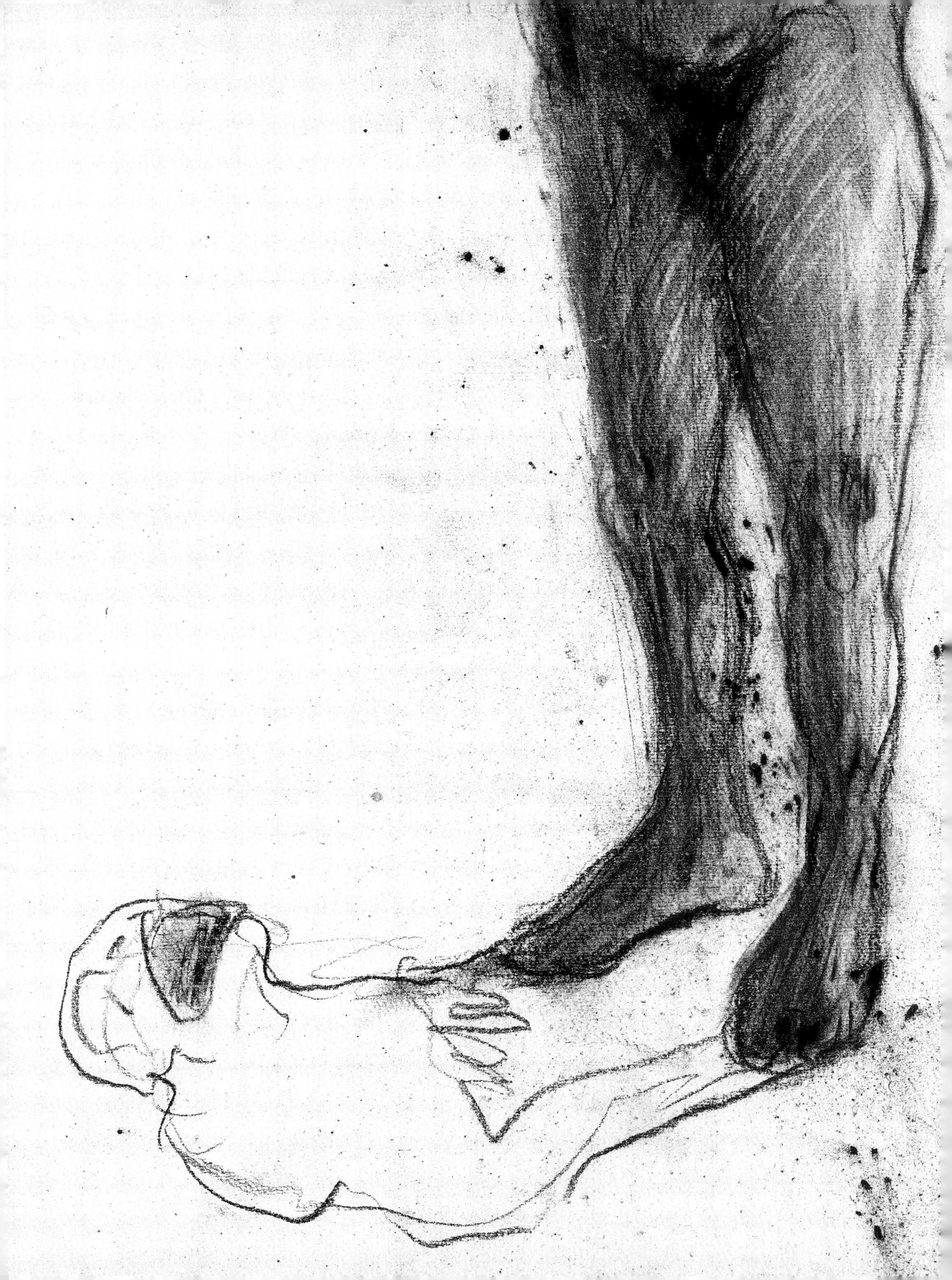

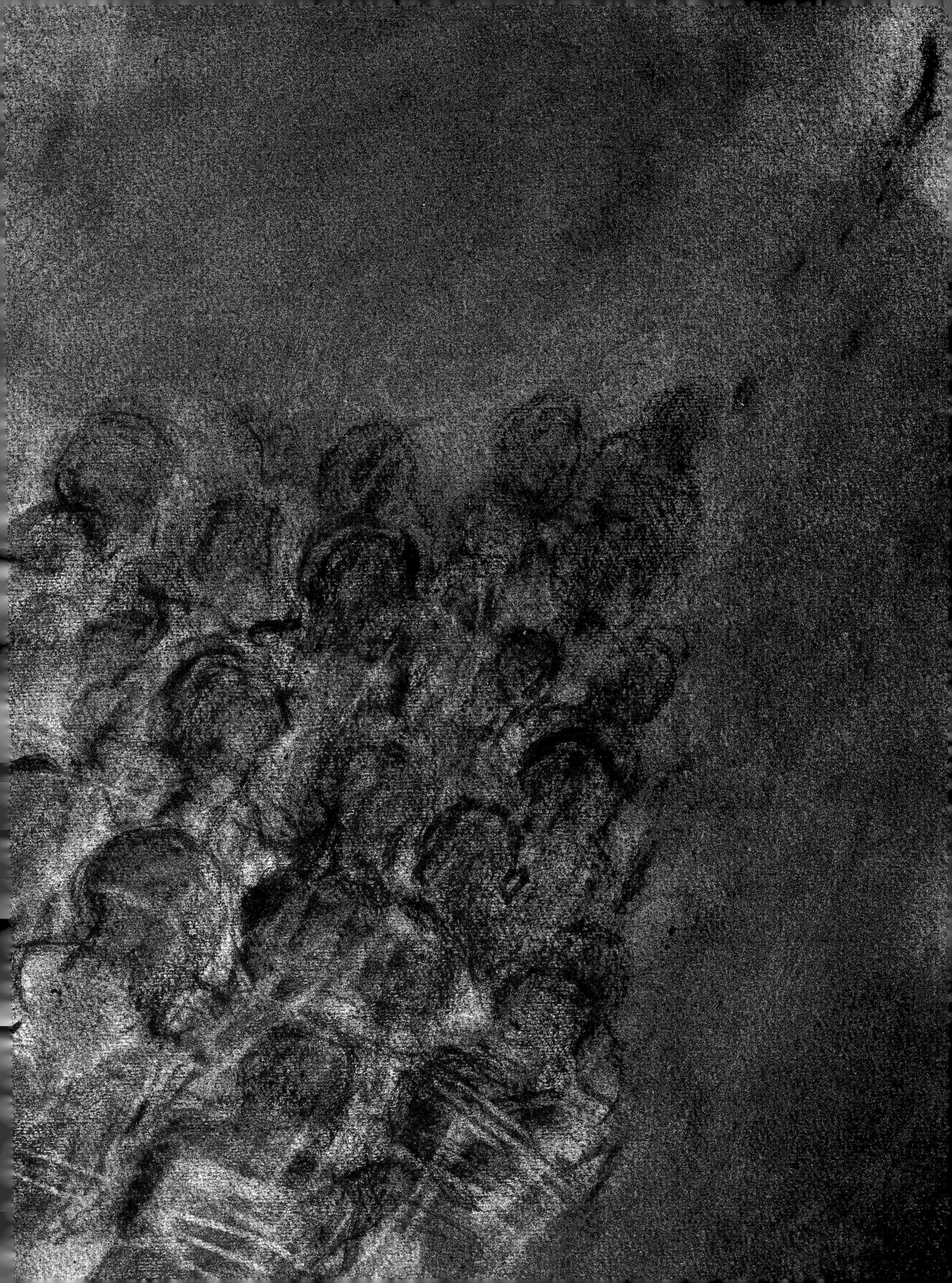

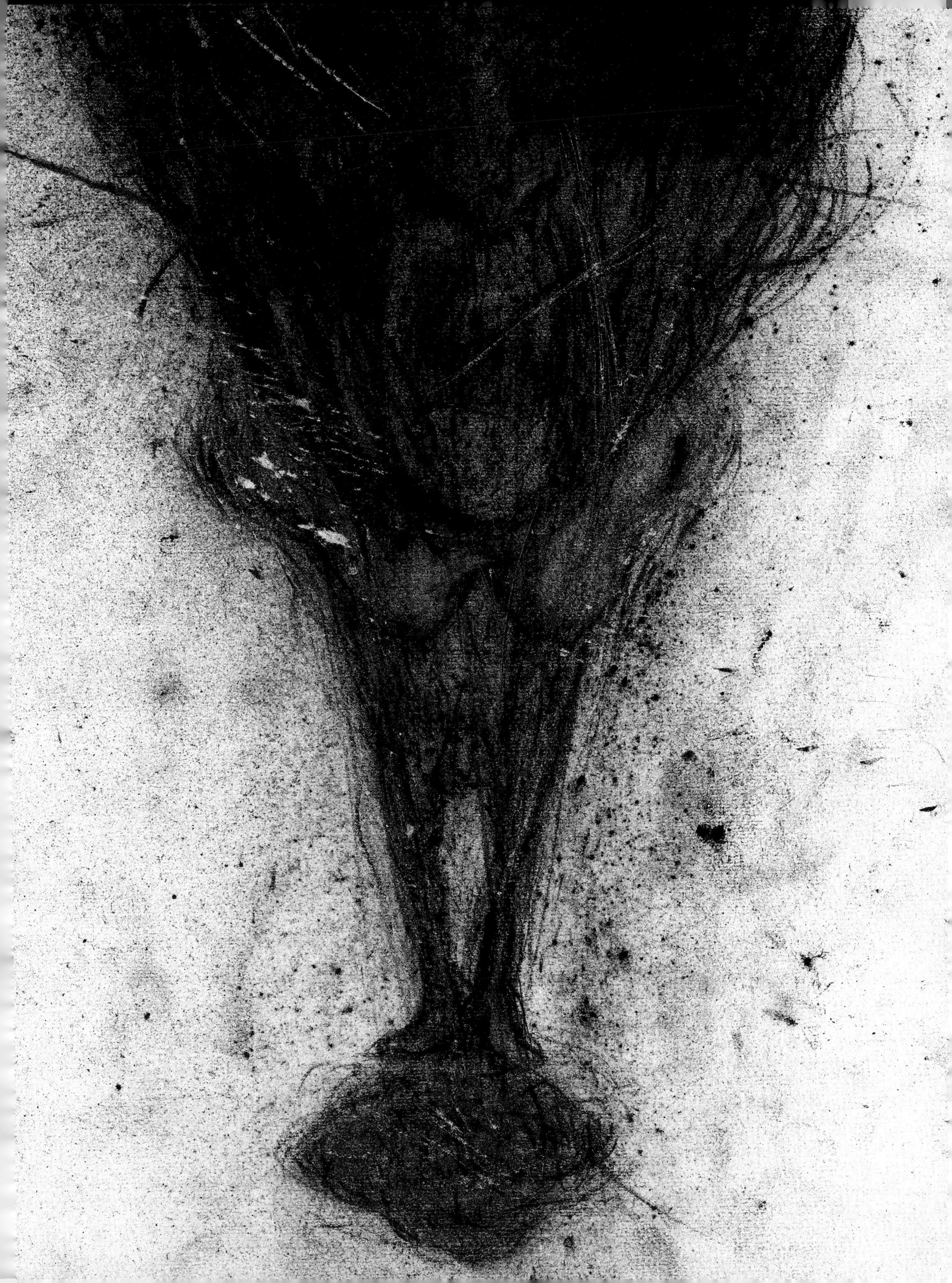

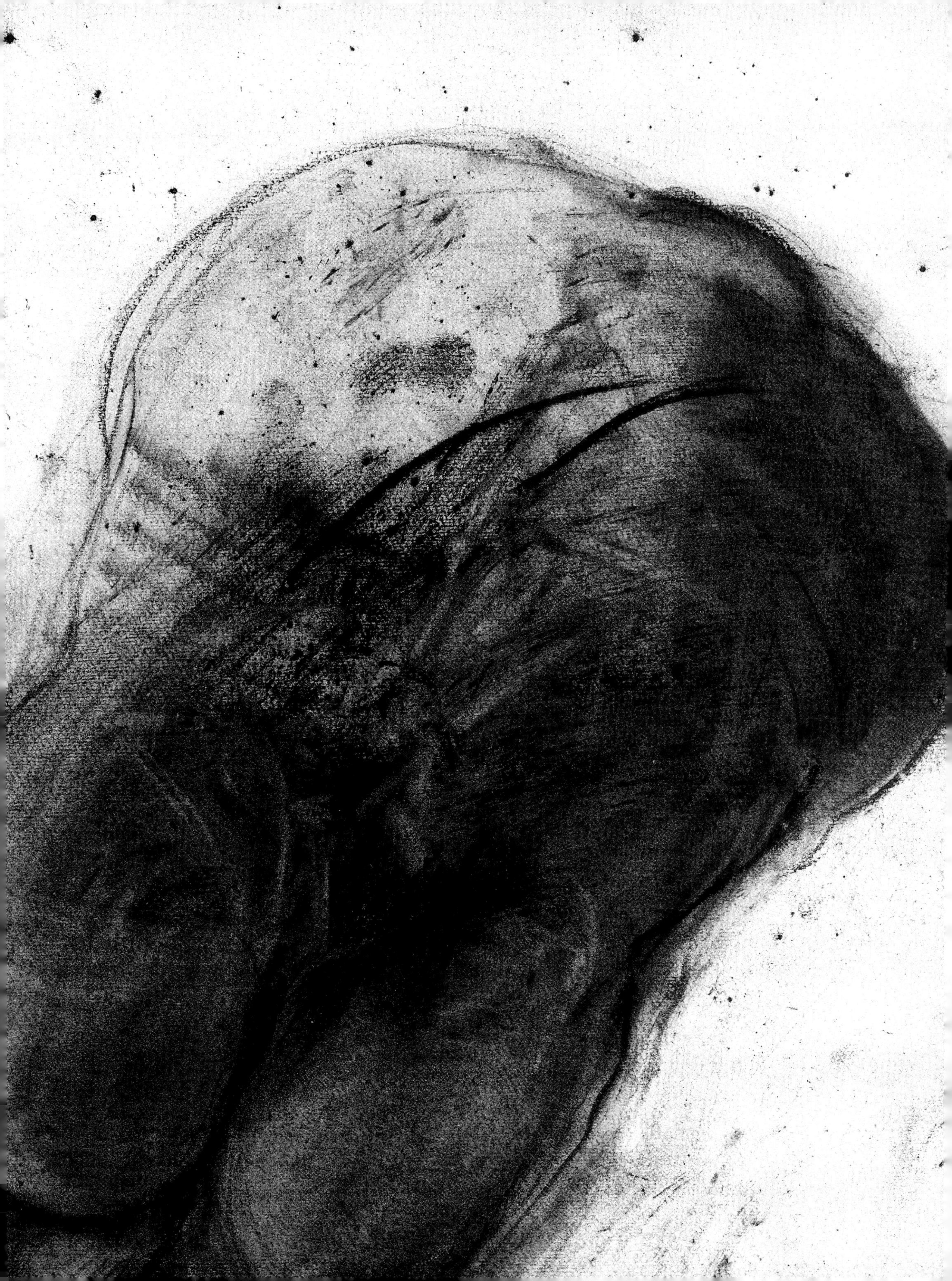

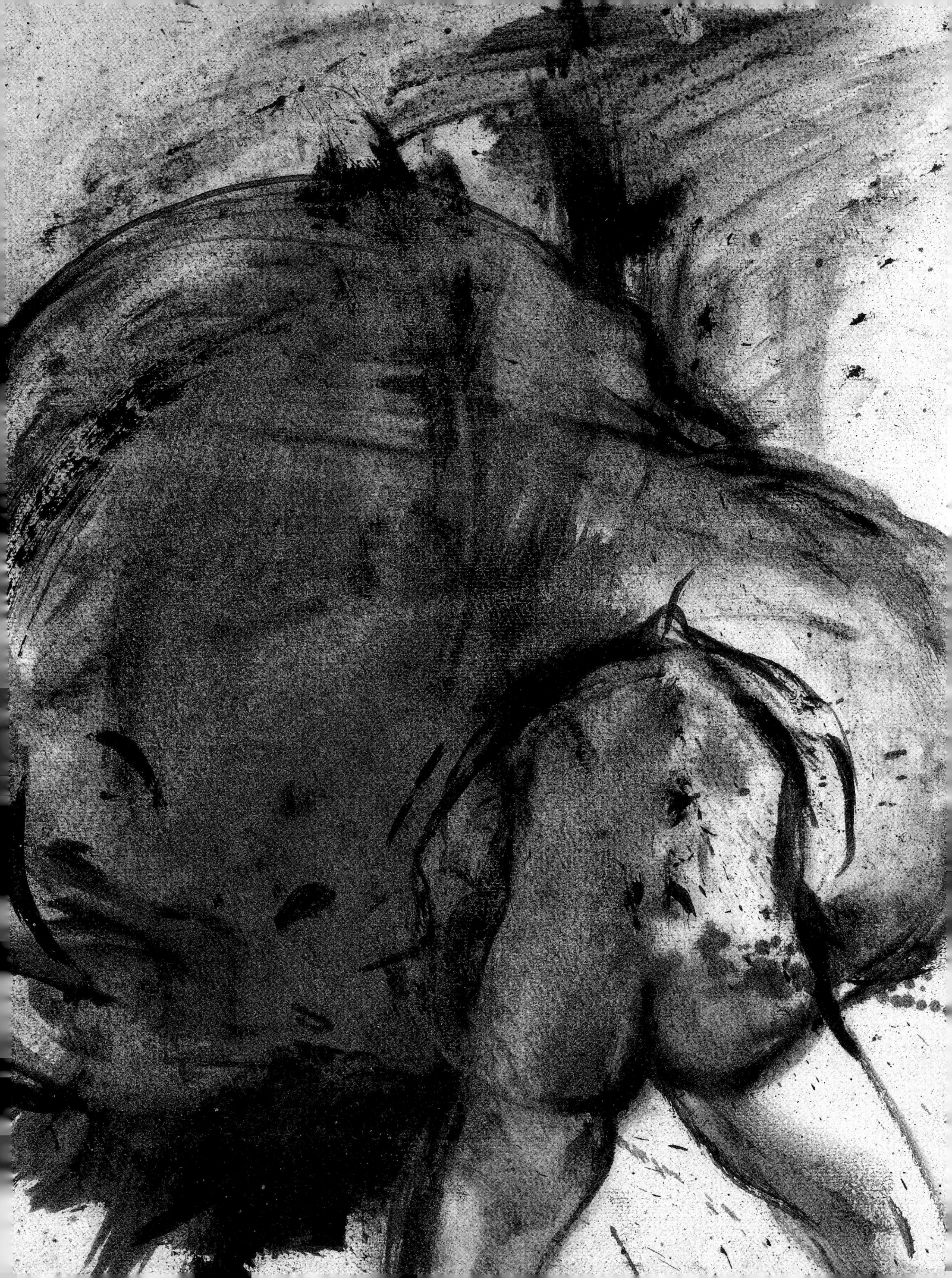

Verhungerte Liebe, die sich selbst verzehren würde, suchte sie ihre Nahrung nicht in himmlischen Fiktionen: Sie erzeugt mit der Zeit eine Pyramide von Seraphen, zahlreicher als Insekten, die in einem Wassertropfen wimmeln, und verschlingt sie zu einer Ellipse, die sie wirbelnd um sich schleudert. Währenddessen sieht der beim Anblick eines Kataraktes verweilende Wanderer, wenn er das Antlitz hebt, in der Ferne ein menschliches Wesen, das von einer Girlande lebendiger Kamelien in den Keller der Hölle getragen wird! (III/S. 111)

Amour affamé, qui se dévorerait lui-même, s'il ne cherchait sa nourriture dans des fictions célestes : créant, à la longue, une pyramide de séraphins, plus nombreux que les insectes qui fourmillent dans une goutte d'eau, il les entrelacera dans une ellipse qu'il fera tourbilloner autour de lui. Pendant ce temps, le voyageur, arrêté contre l'aspect d'une cataracte, s'il relève le visage, verra, dans le lointain, un être humain, emporté vers la cave de l'enfer par une guirlande de camélias vivants! (III/S. 121 f.)

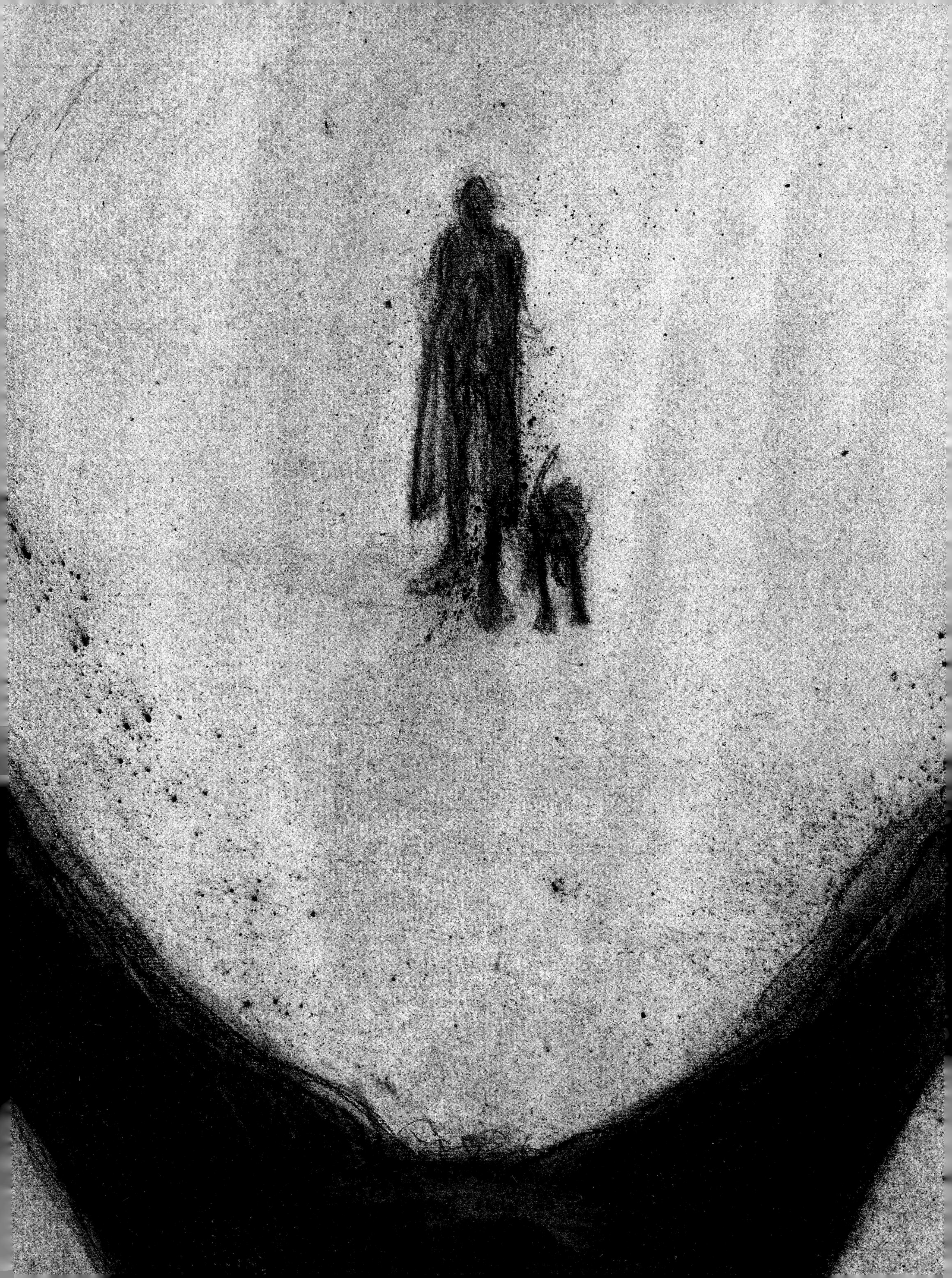

Wenn der Fuß über einen Frosch gleitet, dann empfindet man Ekel; berührt man dagegen den menschlichen Körper nur ganz leicht mit der Hand, dann springt die Haut der Finger auf wie die Schuppen von einem Glimmerblock, den man mit einem Hammer zerschlägt; und wie das Herz eines Hais, der seit einer Stunde tot ist, noch auf der Brücke mit zäher Lebenskraft zuckt, so bewegen sich unsere Eingeweide noch lange nach der Berührung bis in die letzten Fasern. So groß ist das Entsetzen, das der Mensch seinem eigenen Mitmenschen einflößt! (IV/S. 143)

Quand le pied glisse sur une grenouille, l'on sent une sensation de dégoût; mais, quand on effleure, à peine, le corps humain, avec la main, la peau des doigts se fend, comme les écailles d'un bloc de mica qu'on brise à coups de marteau; et, de même que le cœur d'un requin mort depuis une heure, palpite encore, sur le pont, avec une vitalité tenace, ainsi nos entrailles se remuent de fond en comble, longtemps après l'attouchement. Tant l'homme inspire de l'horreur à son propre semblable! (IV/S. 153 f.)

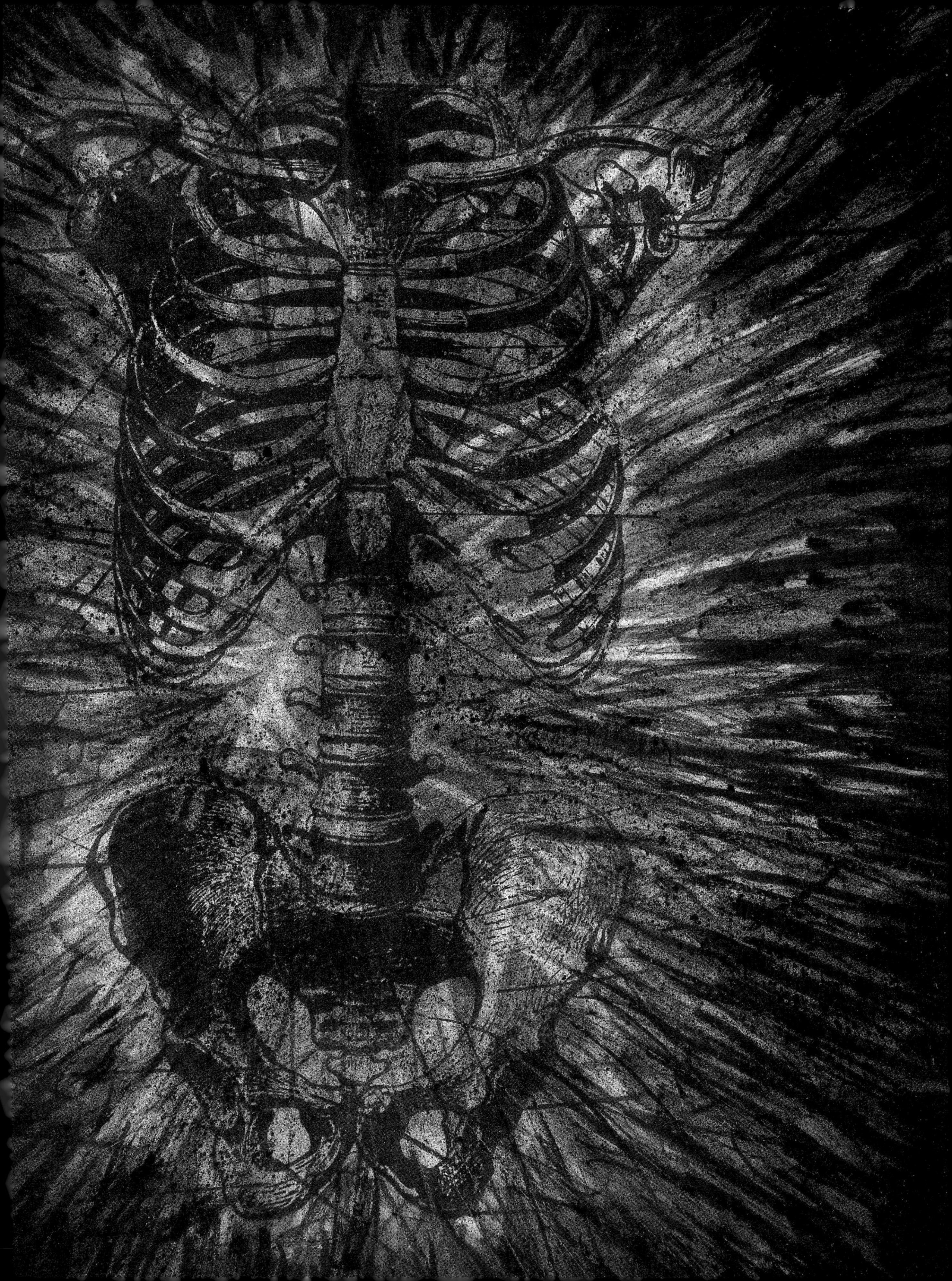

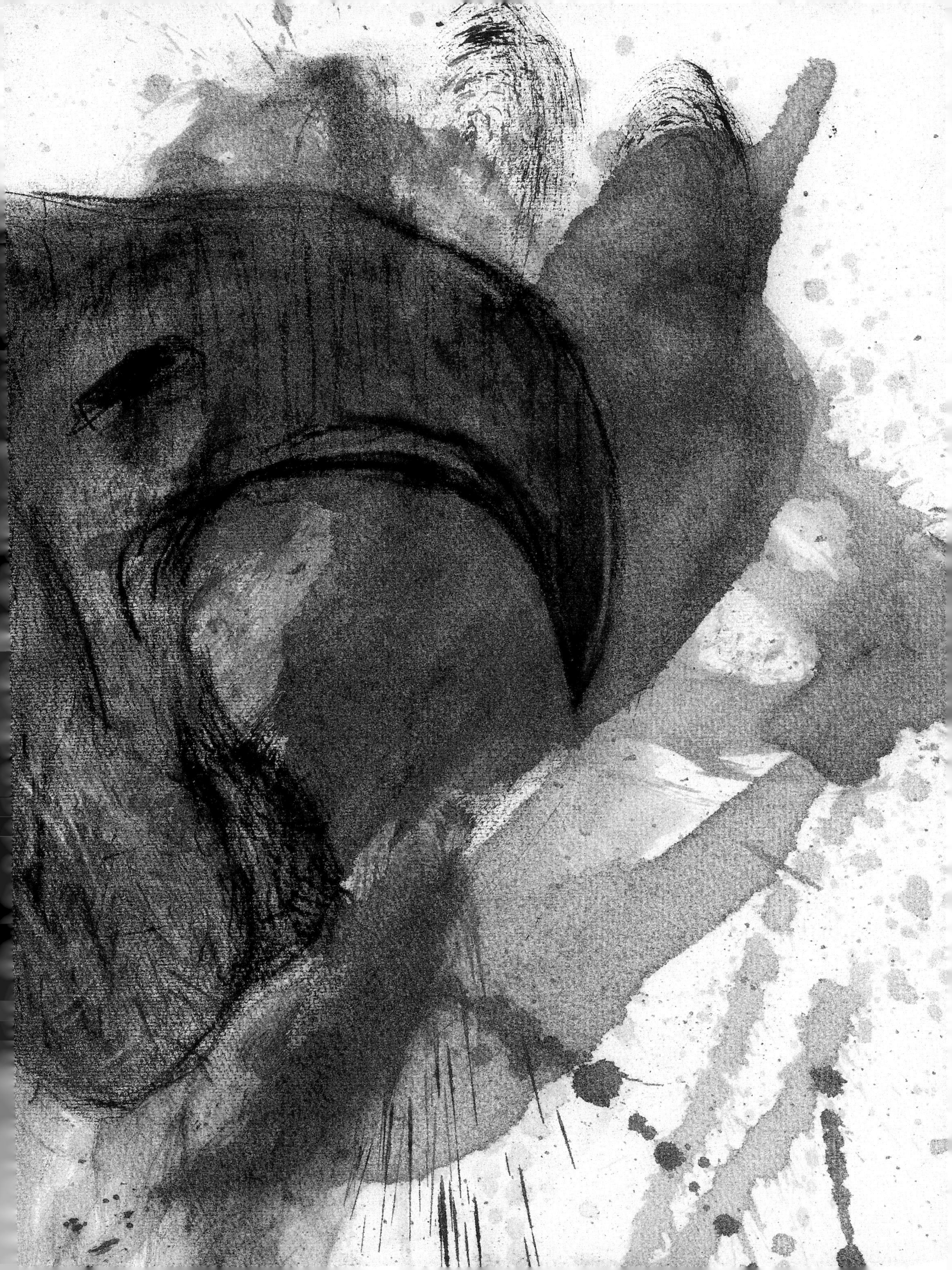

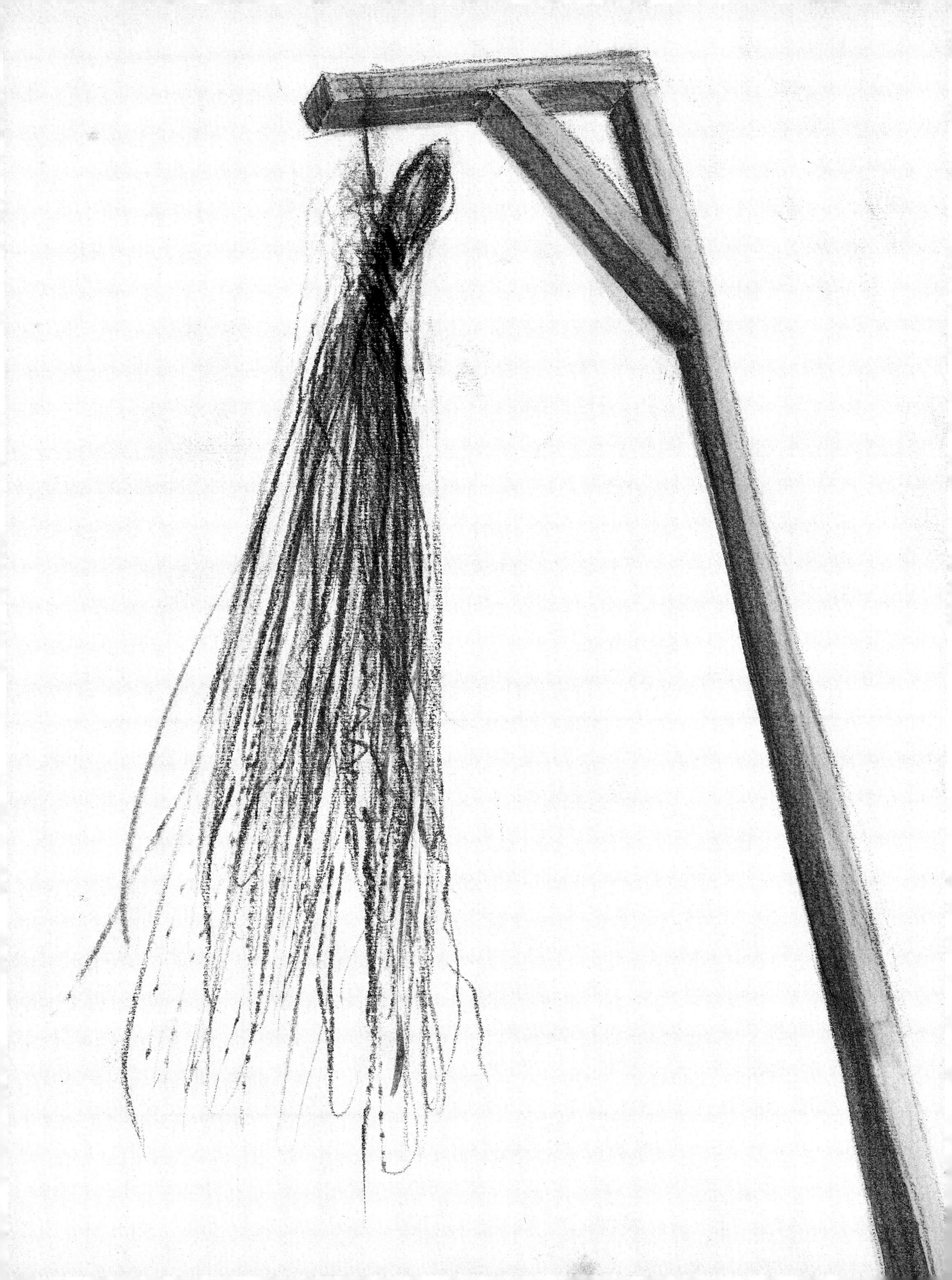

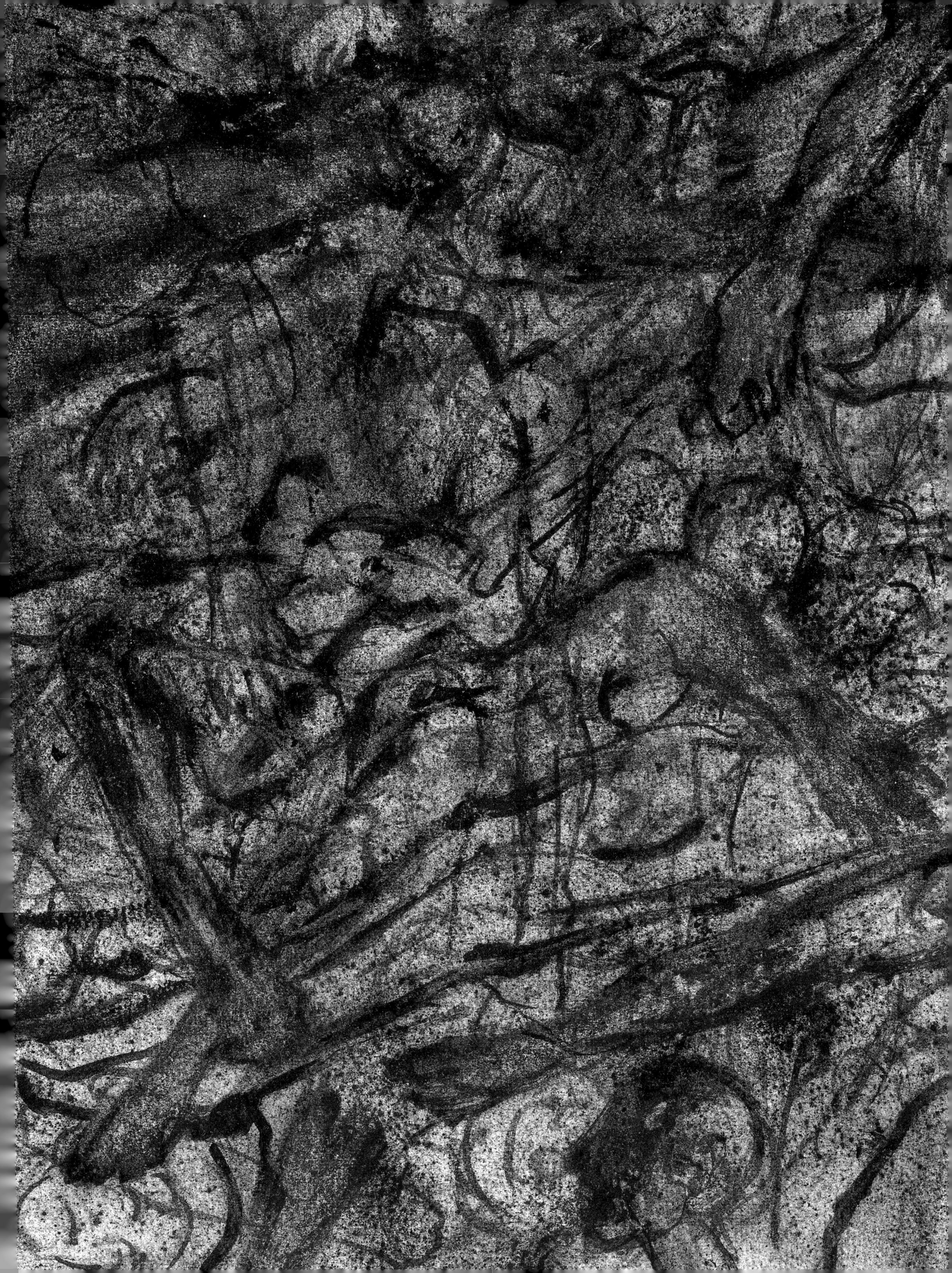

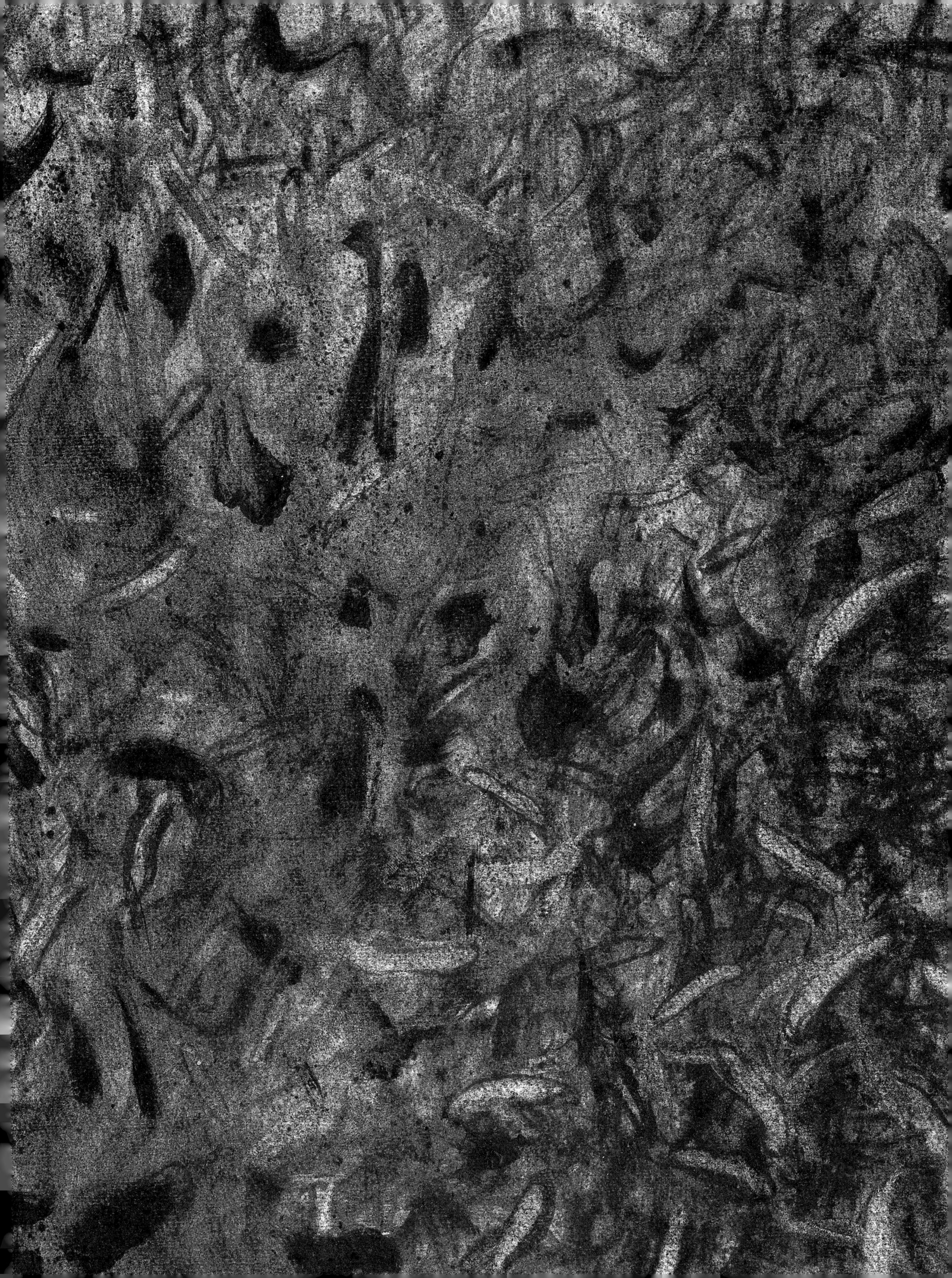

O! wäre das Universum statt einer Hölle ein ungeheurer himmlischer After geworden, seht die Gebärde, die ich in der Gegend meines Unterleibes vollführe: ja, ich hätte mein Glied durch seinen blutigen Schließmuskel gestoßen und durch meine stürmischen Bewegungen sogar die Wände seines Beckens zerschmettert! Das Unglück hätte dann nicht ganze Dünen von Treibsand auf meine geblendeten Augen geweht: Ich hätte den unterirdischen Ort entdeckt, wo die Wahrheit im Schlaf liegt, und die Ströme meines klebrigen Samens hätten so einen Ozean gefunden, um sich in ihn zu ergießen! (V/S. 197 f.)

Oh! si au lieu d'être un enfer, l'univers n'avait été qu'un céleste anus immense, regardez le geste que je fais du côté de mon bas-ventre : oui, j'aurais enfoncé ma verge, à travers son sphyncter sanglant, fracassant, par mes mouvements impétueux, les propres parois de son bassin! Le malheur n'aurait pas alors soufflé, sur mes yeux aveuglés, des dunes entières de sable mouvant; j'aurais découvert l'endroit souterrain où gît la vérité endormie, et les fleuves de mon sperme visqueux auraient trouvé de la sorte un océan où se précipiter! (V/S. 208)

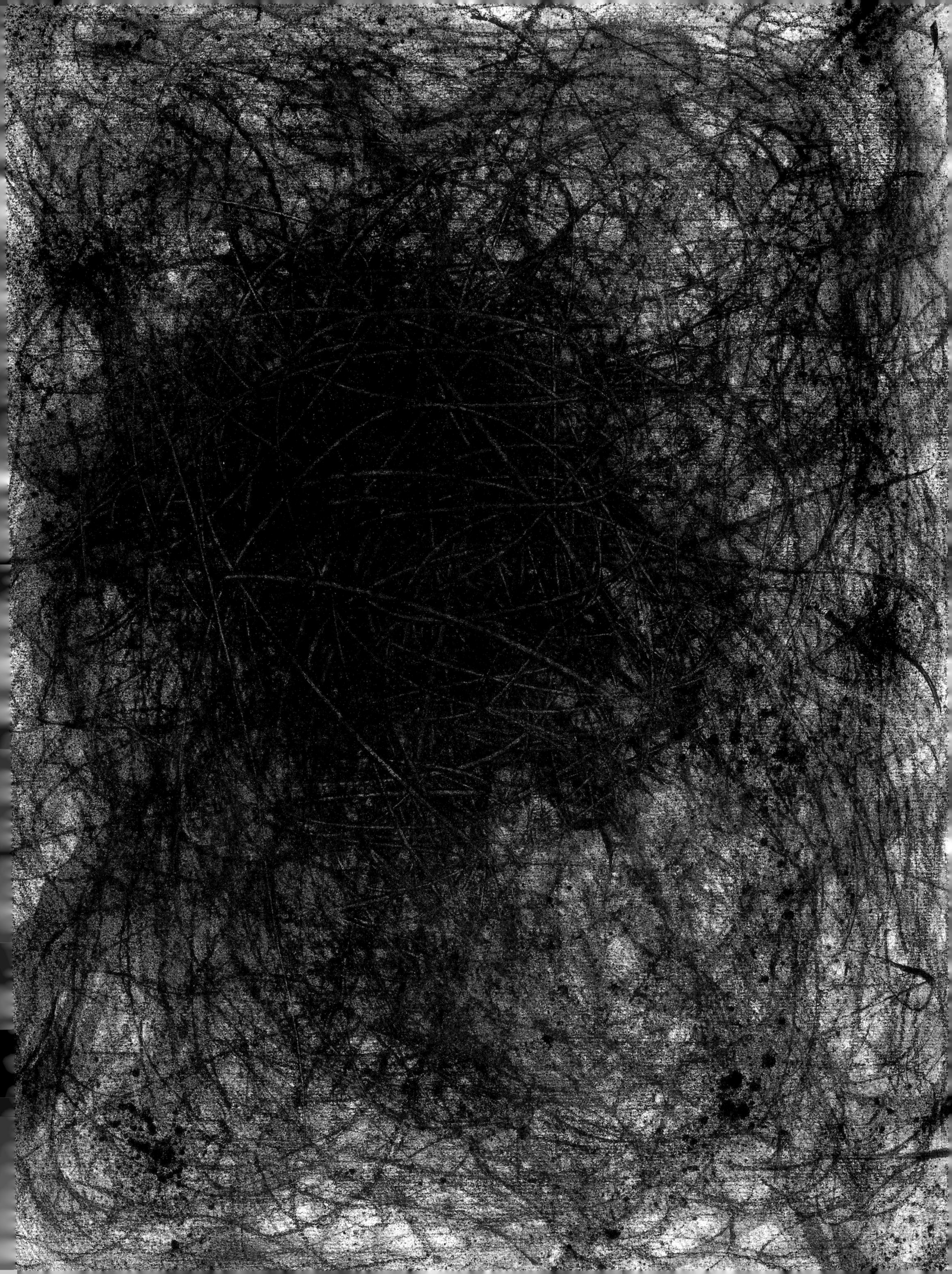

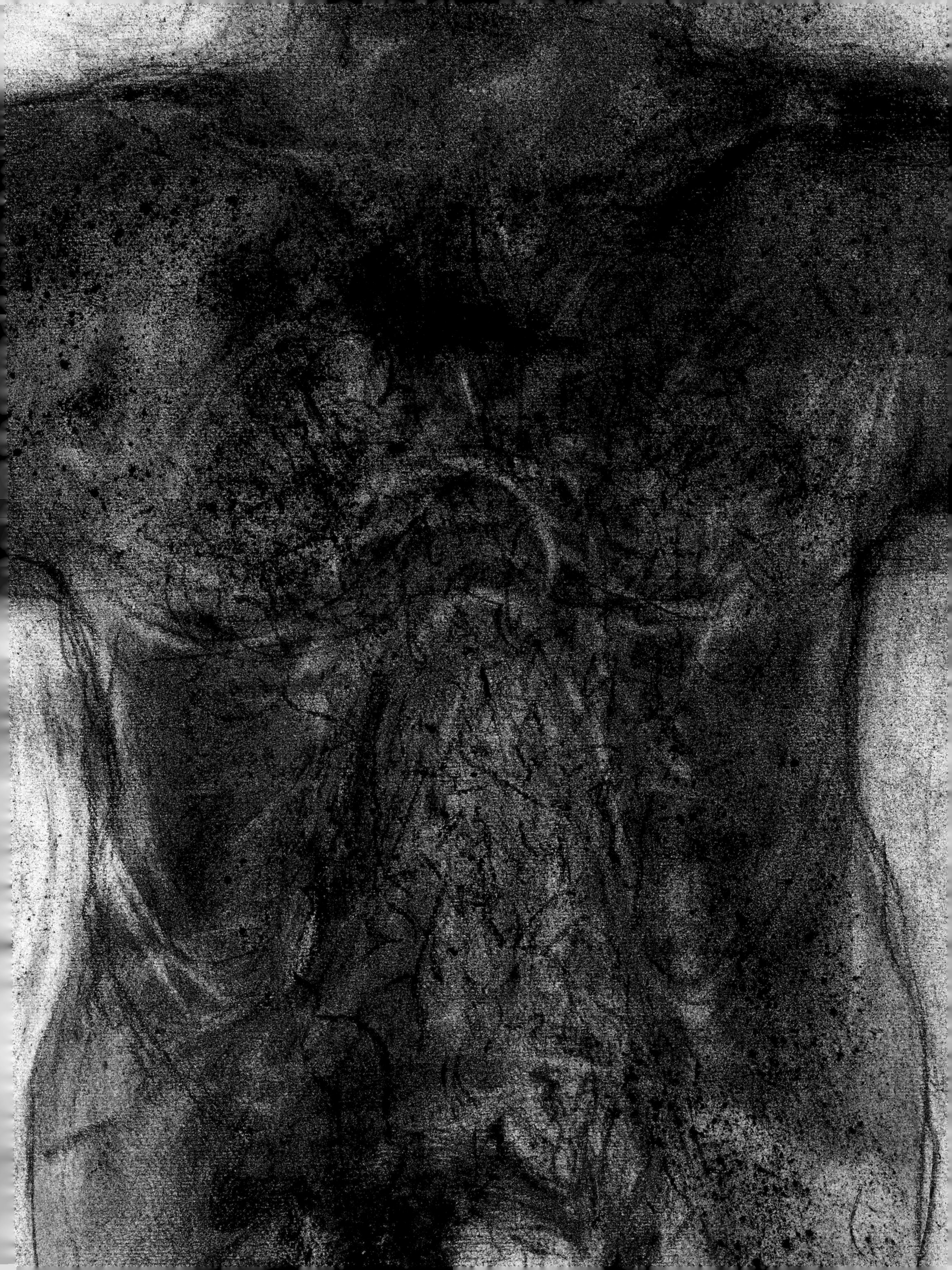

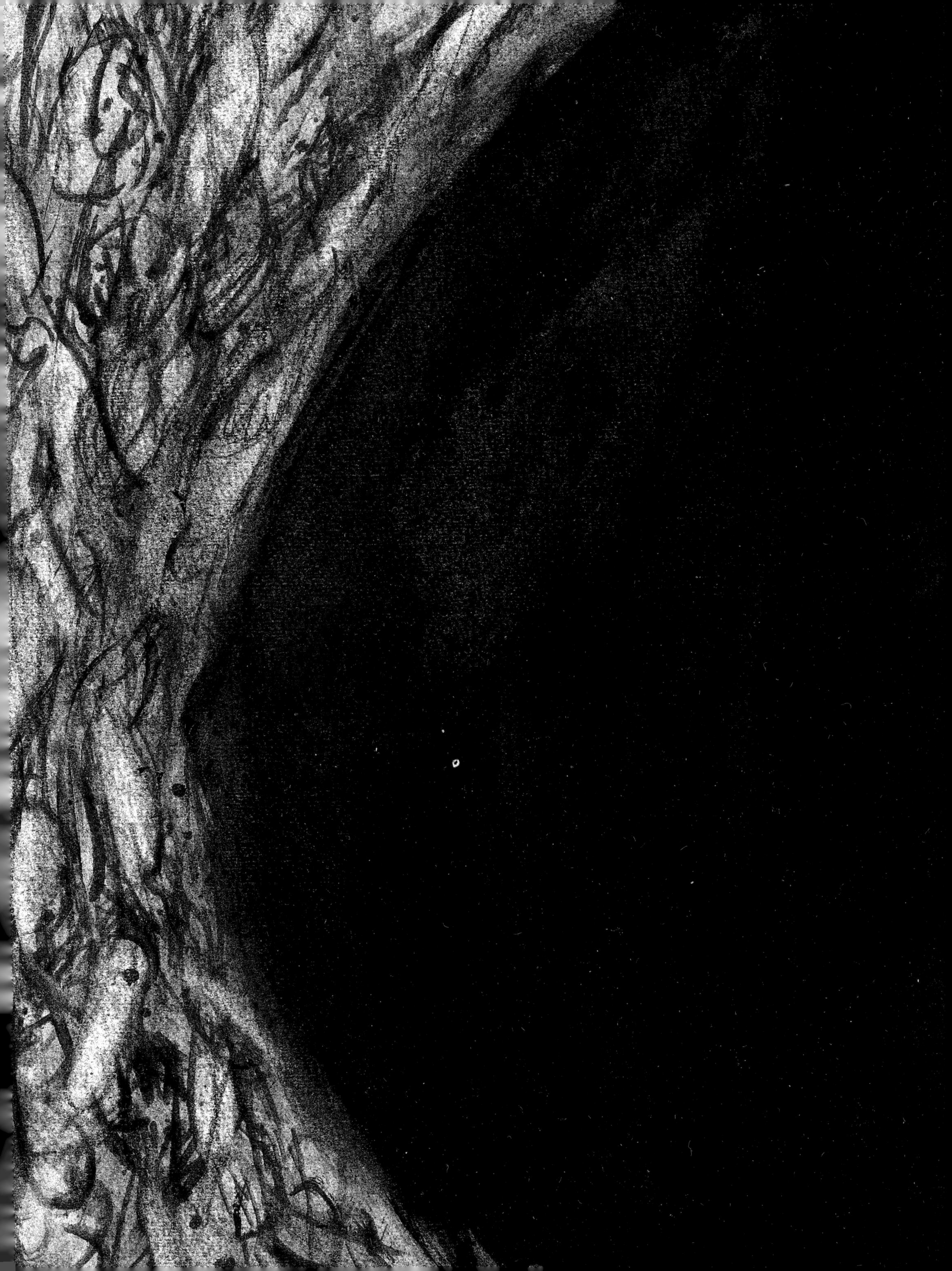

Er ist schön wie die Einziehbarkeit der Raubvogelkrallen; oder auch wie die Unschlüssigkeit der Muskelbewegungen in den Wunden der Weichteile der hinteren Genicksgegend; oder vielmehr wie jene perpetuelle Rattenfalle, die von dem gefangenen Tier selbst immer von neuem gespannt, allein und unaufhörlich Nagetiere fangen kann und die sogar unter Stroh versteckt arbeitet; und vor allem wie die unvermutete Begegnung einer Nähmaschine und eines Regenschirms auf einem Seziertisch! (VI/S. 223)

Il est beau comme la rétractilité des serres des oiseaux rapaces; ou encore, comme l'incertitude des mouvements musculaires dans les plaies des parties molles de la région cervicale postérieure; ou plutôt, comme ce piége à rats perpétuel, toujours retendu par l'animal pris, qui peut prendre seul des rongeurs indéfiniment, et fonctionner même caché sous la paille; et surtout, comme la rencontre fortuite sur une table de dissection d'une machine à coudre et d'un parapluie! (VI/S. 233)

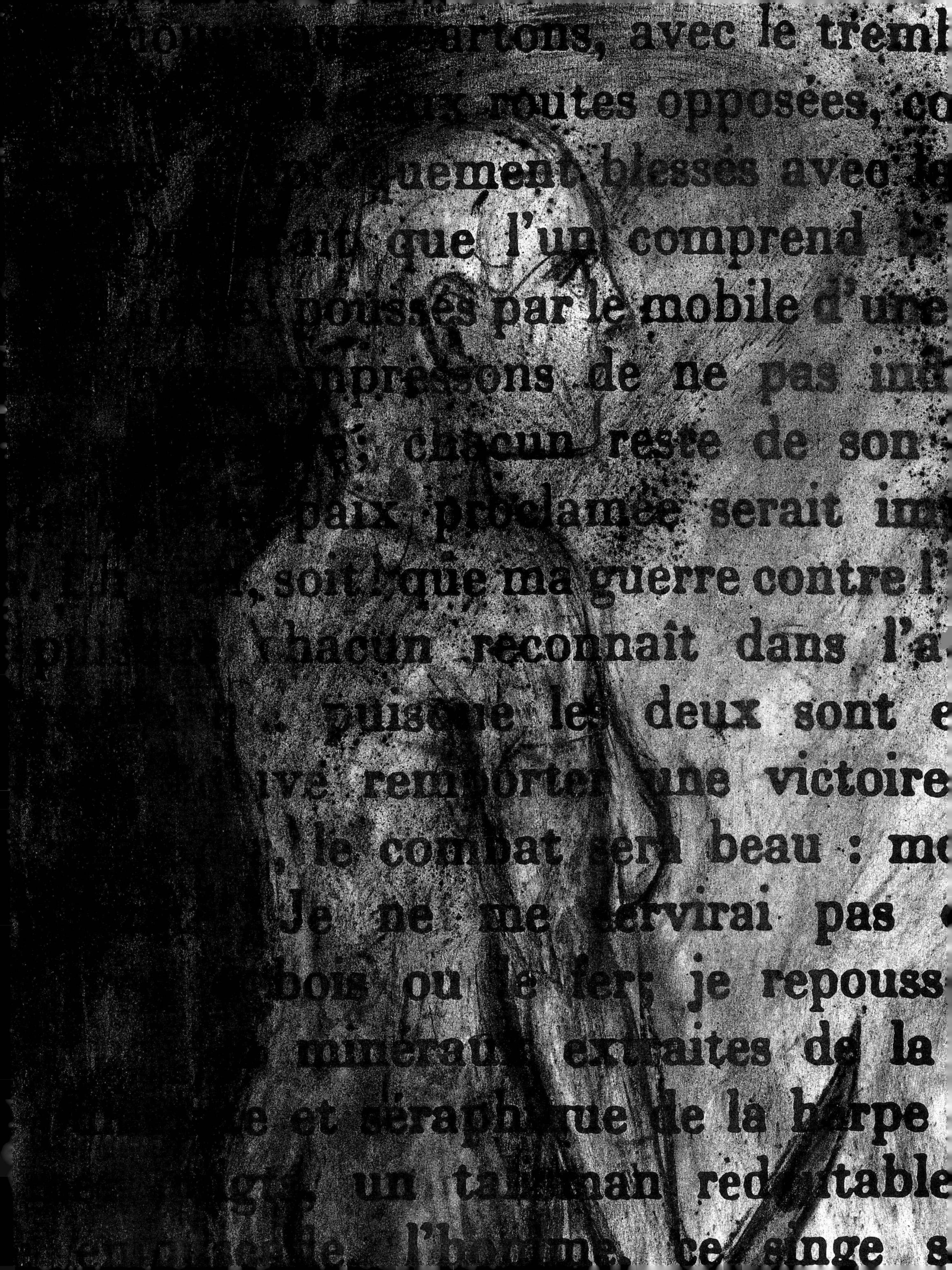

nous nous écartons, avec le tremb
routes opposées, co
mutuellement blessés avec le
ait que l'un comprend
poussés par le mobile d'une
empressons de ne pas int
; chacun reste de son
paix proclamée serait im
, soit, que ma guerre contre l
chacun reconnaît dans l'a
puisque les deux sont e
remporter une victoire
, le combat sera beau : mo
Je ne me servirai pas
bois ou le fer; je repouss
minéraux extraites de la
et séraphique de la harpe
un talisman redoutable
l'homme, ce singe s

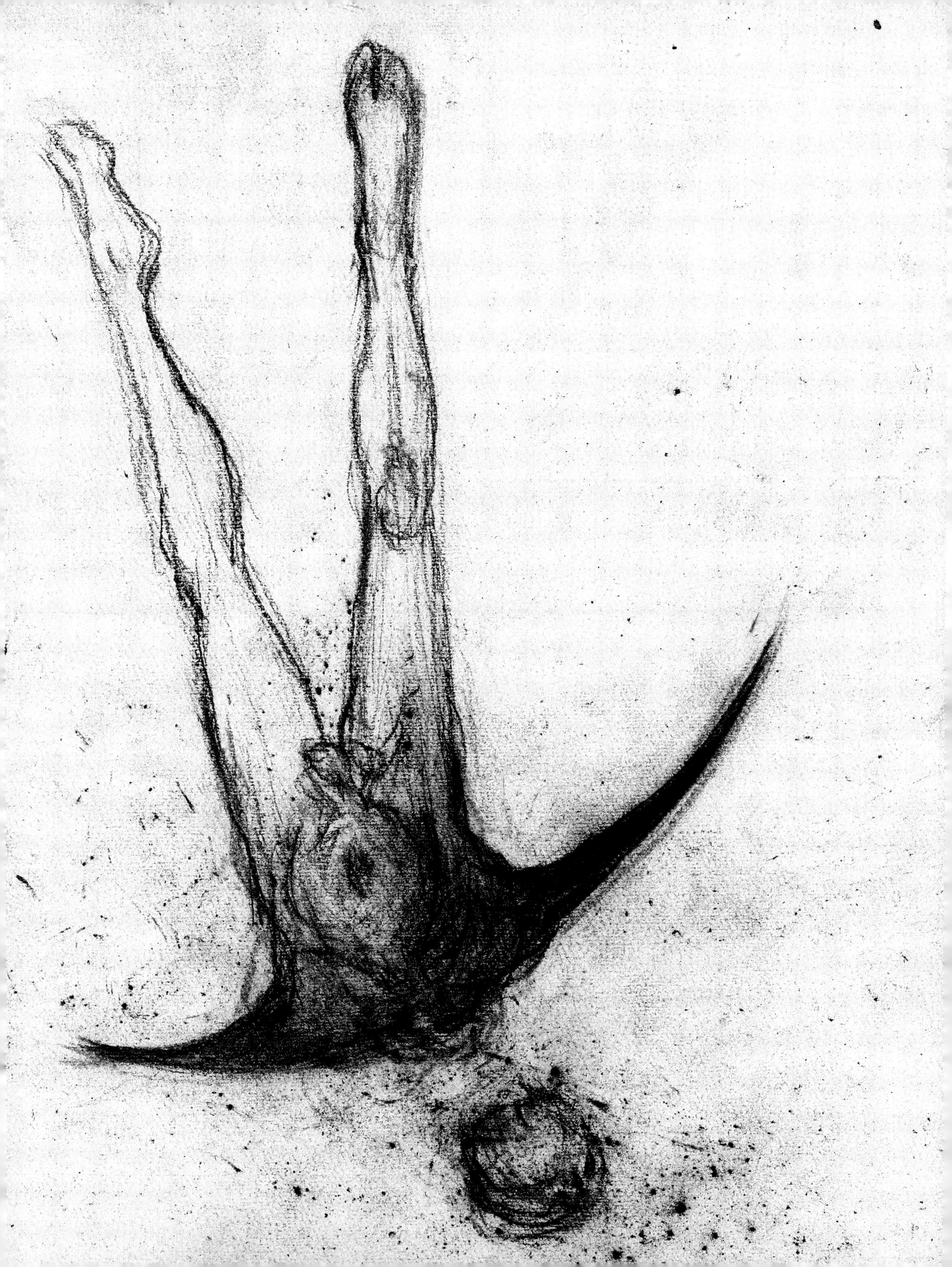

RAINER WÖLZL

BIOGRAPHIE

1954 in Wien geboren
1978 Diplom an der Hochschule für angewandte Kunst, Wien (Prof. Oberhuber)
1980 Auslandsstipendium an der Akademie der Bildenden Künste, Dresden
1986 Theodor-Körner-Preis
1986 Lehrtätigkeit an der Internationalen Sommerakademie, Salzburg
1986 Woyty-Wimmer-Preis
1986 Zweiter Preis „Hommage à Kokoschka"
1987 Förderungspreis für Bildende Kunst der Stadt Wien
1988 21. österreichischer Grafikwettbewerb: Preis des Landes Steiermark
1989 Stipendium der Anna-und-Heinrich-Sussmann-Stiftung
1990 Lehrbeauftragter an der Hochschule für Angewandte Kunst
1991 22. österreichischer Graphikwettbewerb: Preis des Französischen Kulturinstitutes

EINZELAUSSTELLUNGEN

1980 Akademie der Bildenden Künste, Dresden
1981 Galerie Fotohof, Salzburg
1986 Galerie Hilger, Wien
Künstlerhaus, Wien
1987 Galerie Colmant, Brüssel
Galerie Hilger, Wien
Galerie Hermeyer, München
1988 Kunstverein Brühl
Galerie Glacis, Graz
Galerie Latal, Zürich
Galerie Hilger, Frankfurt
1989 Galerie Hermeyer, München
Galerie Vulkan, Mainz
Galerie Hilger, Wien
Künstlerhaus, Plovdiv
Galerie Colmant, Brüssel
1990 Galerie Manfred Giesler, Berlin
Galerie Hermeyer, München
Galerie Hilger, Frankfurt
Galerie Glacis, Graz
BAWAG-Fondation, Wien
Forum, Düsseldorf
1991 Kunstverein Marburg
Kunstverein Rosenheim
Galerie Heinz Wenk, Dortmund
Overbeck-Gesellschaft, Lübeck
1992 Galerie Hilger, Wien
Künstlerhaus, Wien
Galerie Hilger, Frankfurt
Galerie Hermeyer, München
Kammerhofgalerie der Stadt Gmunden
Folkwang Museum, Essen
1993 Galerie Christine Colmant, Brüssel
Galerie Manfred Giesler, Berlin
Kunstverein Heilbronn

GRUPPENAUSSTELLUNGEN

1976 Secession, Wien
1977 „Buchobjekte", Galerie nächst St. Stephan, Wien
1978 Künstlerhaus, Wien
1982 Galerie Stubenbastei, Wien
Kunsthalle Rostock
1983 Dr.-Karl-Renner-Institut, Wien
Kongresshaus, Innsbruck
1984 Intergraphik, Berlin
1986 „Hommage à Kokoschka", Kunstforum, Wien
1987 „Die lädierte Welt", Kunstforum, Wien
„Europalia", Musée d'Ixelles, Brüssel
Leinster Fine Arts, London
„Trakl", Galerie Vulkan, Mainz
1988 Triennale, Sofia
„21. österreichischer Graphikwettbewerb", Tiroler Kunstpavillon, Innsbruck
Künstlerhaus, Bregenz
Museum Moderner Kunst, Bozen
Kärntner Landesmuseum
Städtische Galerie, Lienz
Künstlerhaus, Salzburg
„Les miroirs de la scene", Centre Rogier, Brüssel
1989 60 Tage Museum des 21. Jahrhunderts, Wien
„Neuaufnahmen", Künstlerhaus, Wien
Leinster Fine Arts, London
„Der geschundene Mensch", Dom, Karmeliterkloster, Frankfurt
1990 „Vienne aujourd'hui", Musée de Toulon
„Gesture and memory", Istituto Italiano di Cultura, Dublin
„Grenzstationen Gewalt", Kunstverein Rotenburg
„Wider-schein", Tiroler Landesmuseum Ferdinandeum, Innsbruck
1991 „Würth – Eine Sammlung", Salzburger Landesmuseum Rupertinum
„Ins Licht gerückt – ein Museum auf Abruf", Rathaus, Wien
„22. österreichischer Graphikwettbewerb", Tiroler Landesmuseum Ferdinandeum
Waltherhaus, Bozen
Städtische Galerie, Lienz
Künstlerhaus, Bregenz
Stadthausgalerie, Klagenfurt
„Religiosa 91", Braunschweiger Dom
„am Kopf", Kunstverein Gütersloh
Skulpturen und Plastiken, Galerie Hermeyer, München
1992 „Geteilte Bilder", Folkwang Museum, Essen
Galerie Schütte, Essen
„Vienna: Expressionist Tendencies since 1945", Salford Museum, Manchester
„Kunstraum Kirche", Pfarre Alt-Pradl, Innsbruck
„Sport, Körper, Kultur", Rathaus, Wien
„Triumph des Todes", Museum österreichischer Kulturen
„Bibliophile/Künstler/Bücher", Kunstverein Horn
„Zu Papier gebracht – Wiener Kunst seit 1945", Rathaus, Wien
„Bilder vom Tod", Historisches Museum der Stadt Wien

BIBLIOGRAPHIE

Rainer Wölzl. Zu Pier Paolo Pasolini: Salo – 120 Tage von Sodom. Katalog der Galerie E. Hilger. Text: Oswald Oberhuber; Wien 1986

Die Lädierte Welt. Ausstellungskatalog. Kunstforum; Wien 1987

Rainer Wölzl. Malerei/Zeichnung 86/87. Katalog der Galerie E. Hilger, Wien und der Galerie J. Hermeyer, München. Text: Peter Gorsen; Wien 1987

Trakl. Ausstellungskatalog der Galerie Vulkan; Mainz 1987

Gedenkjahr 1938. Ausstellungskatalog des Bundesministerium für Unterricht und Kunst. Text: Angelica Bäumer; Wien 1988

21. österreichischer Graphikwettbewerb. Ausstellungskatalog der Kulturabteilung der Tiroler Landesregierung; Innsbruck 1988

Der geschundene Mensch. Ausstellungskatalog. Text: Peter Gorsen; Darmstadt/Frankfurt. Verlag Das Beispiel, 1989

Rainer Wölzl. Flügelaltar. Katalog der Galerie E. Hilger, Wien. Text: Aus „Ästhetische Theorie“ von Theodor Adorno; Wien 1989

Rainer Wölzl. Zu Jean Genet – Der Balkon. Katalog der Galerie J. Hermeyer, München; Galerie Vulkan, Mainz; Galerie Colmant, Brüssel; Text: Alexandra Pätzold; München

Rainer Wölzl. Jean Genet – Der Balkon. Kassette mit 12 Radierungen von R. W., Edition J. Hermeyer; München 1989

Neuaufnahmen 1980–1989. Ausstellungskatalog des Künstlerhauses; Wien 1989

60 Tage Museum des 21. Jahrhunderts. Ausstellungskatalog; Wien 1989

Rainer Wölzl. Monochrom. Katalog der Galerie J. Hermeyer, München; Galerie Manfred Giesler, Berlin. Text: Manfred Wagner; München 1989

Rainer Wölzl. Paul Celan. Aus „Mohn und Gedächtnis“: „Todesfuge“. Buch mit 17 Radierungen von R. W., Edition E. Hilger; Wien 1990

Rainer Wölzl. Rot-Schwarz. Katalog der Galerie E. Hilger, Wien. Text: Conrad Paul Liessmann; Wien 1990

Vienne auhourd'hui. Ausstellungskatalog des Musée de Toulon. Text: Rainer Wölzl; Toulon 1990

Fragmente des Lebens. Zu neueren Arbeiten von Rainer Wölzl. Text: Conrad Paul Liessmann; in Kunstpresse Nr. 3/1990; S. 30 ff.; Wien 1990

Forum. Ausstellungskatalog der Internationalen Kunstmesse. Text: Ingo Bartsch; Düsseldorf 1990

Wider-schein. Aspekte des Religiösen in der österreichischen Gegenwartskunst. Ausstellungskatalog des Tiroler Landesmuseums Ferdinandeum. Text: Günther Dankl; Innsbruck 1990

22. österreichischer Graphikwettbewerb. Ausstellungskatalog der Tiroler Landesregierung; Innsbruck 1991

Würth. Eine Sammlung. Ausstellungskatalog. Text: Dieter Ronte; Jan Thorbecke Verlag; Sigmaringen 1991

Rainer Wölzl. Samuel Beckett. Aus „Echo's bones“: „Cascando“. Kassette mit 9 Radierungen von R. W., Edition E. Hilger; Wien 1991

Ins Licht gerückt – ein Museum auf Abruf. Ausstellungskatalog der Sammlung der Stadt Wien. Kulturabteilung der Stadt Wien; 1991

Religiosa 91. Kunst der Gegenwart im Braunschweiger Dom. Ausstellungskatalog; Braunschweig 1991

Kunst Europa. Arbeitsgemeinschaft deutscher Kunstvereine. Ausstellungskatalog; Köln/Karlsruhe 1991

Vienna: Expressionist tendencies since 1945. Ausstellungskatalog des Bundesministeriums für Unterricht und Kunst; Text: Otto Breicha; Wien 1992

Geteilte Bilder. Das Diptychon in der neuen Kunst. Ausstellungskatalog des Museums Folkwang Essen. Text: Gerhard Finckh; Essen 1992

Zu Papier gebracht – Wiener Kunst seit 1945. Ausstellungskatalog der Kulturabteilung der Stadt Wien; 1992

Triumph des Todes? Ausstellungskatalog des Museums österreichischer Kultur; Eisenstadt 1992

Rainer Wölzl. Lautréamont. Die Gesänge des Maldoror. Text: Peter Gorsen. Picus Verlag; Wien 1992

Rainer Wölzl. Lautréamont. Die Gesänge des Maldoror. Kassette mit 6 Radierungen; Edition Hermeyer; München 1992

Bilder vom Tod. Ausstellungskatalog des Historischen Museums der Stadt Wien; 1992

Rainer Wölzl. Ausstellungskatalog des Folkwang Museum; Text: Rudolf Burger, Gerhard Finckh, Rainer Wölzl; Essen 1992

LAUTRÉAMONT

geboren als Isidore Ducasse 1846 in Montevideo. Lebte von 1859 bis 1862 in Trabes/Pyrenäen, bis 1865 in Pau, ab 1867 in Paris, wo er vierundzwanzigjährig am 24. November 1870 starb.

PETER GORSEN

Nach dem Studium der Philosophie, Psychologie, Kunst- und Literaturgeschichte 1965 Promotion bei Theodor W. Adorno und Max Horkheimer in Frankfurt. Anschließend lehrbeauftragt für Literatursoziologie, ferner als Kunstkritiker und Publizist tätig, Mitbegründer und Redakteur der Zeitschrift „Ästhetik und Kommunikation“, 1973 bis 1976 Universitätsdozent für „Kunst und visuelle Kommunikation“ in Giessen, danach an die Lehrkanzel für Kunstgeschichte der Hochschule für angewandte Kunst in Wien berufen und deren Vorstand bis heute.

Zahlreiche Veröffentlichungen: Kunstkritiken als Kunst-Korrespondent der FAZ; Einzelpublikationen in Auswahl: Das Bild Pygmalions, Reinbek 1969; Sexualästhetik, Reinbek 1972, erweiterte Auflage 1987; Pierre Molinier. Über den surrealistische Hermaphroditen, München 1972; Salvador Dali. Der kritische Paranoiker, München 1974; Adolf Frohner. Körperrituale, Wien 1974; Frauen in der Kunst 1–2 (gemeinsam mit G. Nabakowski und H. Sander), Frankfurt/M. 1980; Kunst und Krankheit. Metamorphosen der ästhetischen Einbildungskraft, Frankfurt/M. 1980; Transformierte Alltäglichkeit oder Transzendenz der Kunst. Reflexionen zur Entästhetisierung, Frankfurt 1981; Von Chaos und Ordnung der Seele. Ein interdisziplinärer Dialog über Psychiatrie und moderne Kunst (gemeinsam mit O. Benkert), Berlin–Heidelberg–New York 1990.